丝路汉语系列教材

丛书顾问： 西安市人民政府外事办公室

编委会

总主编： 董洪杰

编　委： 　王　静　薛亚军　　白晓莉　刘　宁

　　　　　　段舟杨　马　娜　　袁晚晴　秦　岭

　　　　　　柴　闫　邵　滨　李　勇

丝路汉语系列教材

董洪杰 总主编

新时代商务汉语

柴闫 邵滨 编著

New Era
Business Chinese

暨南大学出版社
JINAN UNIVERSITY PRESS

中国·广州

图书在版编目（CIP）数据

新时代商务汉语 / 柴闫，邵滨编著. -- 广州：暨南大学出版社，2024.9. --（丝路汉语系列教材 / 董洪杰总主编）. -- ISBN 978-7-5668-3969-5

Ⅰ．H195.3

中国国家版本馆 CIP 数据核字第 20243QP112 号

新时代商务汉语

XINSHIDAI SHANGWU HANYU

编著者：柴 闫 邵 滨

···

出 版 人：阳 翼

统　　 筹：杜小陆

责任编辑：黄志波

责任校对：刘舜怡　陈皓琳

责任印制：周一丹　郑玉婷

出版发行：暨南大学出版社（511434）

电　　 话：总编室（8620）31105261

　　　　　 营销部（8620）37331682　37331689

传　　 真：（8620）31105289（办公室）　　37331684（营销部）

网　　 址：http：//www.jnupress.com

排　　 版：广州良弓广告有限公司

印　　 刷：广东信源文化科技有限公司

开　　 本：787mm×1092mm　1/16

印　　 张：7.75

字　　 数：150 千

版　　 次：2024 年 9 月第 1 版

印　　 次：2024 年 9 月第 1 次

定　　 价：49.80 元

国际中文教育经历了过去几十年的蓬勃发展，已经取得了骄人的成绩。其重要表现除学生数量的迅速增加之外，更有学生学习质量的提高，具体表现是学习需求在广度上不断延展，日趋多元化，在专业化方面也有追求精深的趋势。如何编写适用于不同专业领域、满足不同学习者语言和知识需求的教材，是国际中文教育面临的一大挑战。西安文理学院文学院的教师们在过去多年教学经验的基础上，于近期研发了针对不同专业学生需求的人文类分众化系列教材，以期能将语言学习和对专业领域知识的探索有机结合起来，在语言平台上作适当延展，以更好地满足不同学习者，特别是高年级学习者的多元化中文学习需要。

为了编写好这套针对留学生的专业化、分众化教材，丝路汉语系列教材编委会的教师们在对国内相关教材需求和发展现状进行调查的基础上，听取各方意见，结合各自专长，从中国文学、中国艺术、中国电影、旅游汉语、幼儿汉语、新时代商务汉语、汉字、书法等不同角度着眼，完成了这套汉语教材的编写。

这一系列教材的主要特点首先是主题多样化。因涉及不同学科门类，所以在编写体例上不追求整齐划一，但作为丝路汉语系列教材，在内容上均立足西安，辐射全国，兼具地域性和普遍性。其次，广泛吸收各领域最新的研究成果和相关教材的既有优长，通过"读一读"等补充材料使教材兼具科学性和典型性。再次，图文并茂、生动形象地解释和说明学生不熟悉的文化内容；叙述力求深入浅出，充分体现汉语和中国文化对外传播的新理念，具有较强的可读性和较高的传播价值。最后，有些教材设计了实践部分，如让学生自己动手，制作与课文内容相关的艺术作品等；有些教材增加了"看一看"部分，有意识地将书本学习与参观古迹、博物馆等课外活动有机结合起来，以期调动学生的学习积极性，充分利用本地文化资源提高学生的感性认识。

简言之，丝路汉语系列教材在编写方面作出了一些新的尝试和有益的探索，值得业内同行关注。

梁　霞

2020 年底于圣路易斯

（梁霞，美国华盛顿大学东亚系教授、中文语言项目负责人，美国中文教师学会会长）

前言

进入 21 世纪第二个十年，世界多极化、经济全球化、社会信息化、文化多样化深入发展，国际格局加速演变。世界正处于大变革、大调整之中，中国前所未有地走近世界舞台中央。

2013 年秋，习近平总书记提出共建丝绸之路经济带和 21 世纪海上丝绸之路的倡议。2014 年 6 月，习近平总书记在中国—阿拉伯国家合作论坛第六届部长级会议上首次正式使用"一带一路"的概念。"一带一路"建设是中国经济外交的顶层设计，也是探索全球治理新模式、致力于构建人类命运共同体的新平台，已成为世界上最受欢迎的公共产品之一和最大规模的合作平台之一。

2013 年以来，中国已与全球五大洲 150 多个国家、30 多个国际组织签署了 200 多份共建"一带一路"的合作文件。2013—2023 年，中国同"一带一路"沿线共建国家的进出口总额累计超过 21 万亿美元，对"一带一路"沿线共建国家的直接投资累计超过 2 700 亿美元。"六廊六路多国多港"的互联互通架构基本形成，引起越来越多国家的热烈响应。

"一带一路"建设是中国在新的历史条件下实行高水平对外开放的重大举措，是推动构建人类命运共同体的重要实践平台。自从"一带一路"倡议提出以来，中国和世界的联系愈发紧密，外国公司在中国的注册数量迅速增加，"一带一路"沿线国家与中国本土公司的合作也越来越紧密。"一带一路"不但为中国国内大中小企业带来了新的发展机遇，为世界经济增长开辟了新空间，为国际贸易和投资搭建了新平台，而且为完善全球经济治理拓展了新实践，为增进各国民生福祉作出了新贡献。

为了更好地服务外国商务人士，加速他们与中国企业的商务往来，提高商贸交易质量，同时满足来华和海外从事商务贸易的留学生对商务汉语的需求，在"一带一路"建设的背景下，本书聚焦"一带一路"建设中的商务活动，围绕"商务速度""商务流量"

"商务生活""商务故事""商务话语"五个方面，从"一带一路"建设的视角出发，融合新时期的商务故事，为全球汉语学习者制定新时期"一带一路"商务课程。

第一章"商务速度：'一带一路'新名片"，共三节，介绍新时代中国的速度名片：中欧班列、中国高铁、港珠澳大桥。中欧班列于 2011 年开通，是运行于中国与欧洲以及"一带一路"沿线国家间的集装箱等铁路国际联运列车，中欧班列的开通标志着新的一条欧亚大陆桥的建成。中欧班列独有的特征，即直通、定班、定时的班列化运行，改变了传统的贸易格局，打开了中国与世界对话的新窗口。

第二章"商务流量：'一带一路'新密码"，共三节，介绍新时代流量名片：速卖通、直播带货、短视频。"流量"一词和互联网的普及发展有关，在流量时代，流量可以转化为经济，平台靠流量吸引客户售卖自己的产品。在这种新的互联网商务模式下，人们可以选取或参与流量大的速卖通线上平台、颠覆售卖方式的直播经济、人人都可以做的短视频经济。在互联网时代，这些模式颠覆了传统商务模式，开启了一个流量时代。

第三章"商务生活：'一带一路'新方式"，共三节，介绍新时代中国的生活名片：无现金社会、无人配送、绿色生活。进入互联网时代，商品交易最大的特征是"无现金"，在中国，我们用微信、支付宝、网上银行等线上交易方式购买商品和服务，这样的方式促进了生活的便利，带来了更高效的买卖交易；无接触配送打开了另一个商务市场，现在的配送具有"无接触""点对点"的特色；中国还提出能源发展规划，加快清洁能源发展，如新能源汽车的研发，中国新能源汽车不仅改变了中国人选择汽车的模式，还走出了海外。

第四章"商务故事：'一带一路'新机遇"，共三节。本章讲述了"一带一路"倡议提出以来，四个具有代表性的中外商务合作故事，分别是"中企助力，吉赞脱贫""塞尔维亚百年钢厂的新生命""斯里兰卡集装箱码头换新装""俄罗斯的'海尔小镇'"。在共建"一带一路"的实际工作中，在中外商务合作过程中，发生了大量的振奋人心的励志故事，一个个满怀梦想的年轻人、一个个充满希望的国家和民族，他/它们的未来因"一带一路"的商务合作而发生了翻天覆地的变化。

　　第五章"商务话语：中文＋职业"，共四节。本章选择中外企业合作中
涉及的商务话语，分别是"中文＋高铁""中文＋航空""中文＋电子商
务""中文＋导游"。每一节从词汇、话语、篇章、练习四个部分来详解商
务话语。

　　欢迎有志于了解中国、学习商务汉语的外国学生或商务人士选择《新
时代商务汉语》。本书有新的"商务速度"、新的"商务流量"、新的"商
务生活"、新的"商务故事"与新的"商务话语"。我们希望伴随着"一带
一路"的商务步伐，带你走进一个全新的商务世界，帮你认识一个全新的
商务中国，实现你的商务梦想，改变你的人生。

柴　闫　邵　滨

2024 年 6 月

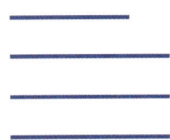

新时代
商务汉语

目 录
Contents

第一章

商务速度

"一带一路"新名片

中欧班列作为共建"一带一路"倡议的重要交通纽带，从无到有，发展迅速，成为稳定全球产业链、供应链的重要力量。中欧班列为"一带一路"沿线国家提供了贸易顺畅沟通的保障，无数中外大中型企业因为中欧班列的稳定运行而发展壮大。

截至 2023 年底，全国铁路营业里程达到 15.9 万公里，其中高铁 4.5 万公里。① 中国是世界上唯一实现高铁时速 350 公里商业运营的国家，树立起世界高铁商业化运营标杆，以最直观的方式向世界展示了"中国速度"。伴随着"一带一路"建设的不断深入，中国高铁"走出去"的步伐越来越稳健，足迹遍及亚洲、欧洲、北美洲和非洲，成为当代中国的一张亮丽名片，中国高铁的高颜值、高速度、高技术成功"圈粉"海内外，被世界各国"点赞"。

一桥通三地，物流畅四海，描述的就是港珠澳大桥。据拱北海关统计，自 2018 年 10 月港珠澳大桥开通以来，截至 2024 年 2 月，经港珠澳大桥珠海公路口岸的进出口总值达 8 088.9 亿元。大桥口岸进出口货物收发地已实现内地 31 个省（市、自治区）全覆盖，市场所涉及的国家和地区从 2018 年的 105 个增加至 230 余个。2023 年经港珠澳大桥珠海公路口岸出入境旅客超 1 630 万人次，出入境车辆超 326 万辆次，截至 2024 年 5 月，出入境车辆累计突破 1 000 万辆次。② 港珠澳大桥在促进粤港澳大湾区融合发展，为支持香港、澳门融入国家发展大局，促进港澳地区长期繁荣稳定方面发挥着越来越重要的作用。

---

① 《截至 2023 年底　全国铁路营业里程达到 15.9 万公里》，光明网，https：//baijiahao. baidu. com/s？id = 1787784652209774980&wfr = spider&for = pc，2024 年 1 月 1 日。

② 《港珠澳大桥开通以来　经珠海公路口岸进出口总值累计突破 8 000 亿元》，光明网，https：// baijiahao. baidu. com/s？id = 1794218829748924332&wfr = spider&for = pc，2024 年 3 月 22 日。

第一节　中欧班列：改变全球贸易格局

一、中欧班列是什么

中欧班列（英文名称为"CHINA RAILWAY Express"，缩写为"CR Express"）是指往来于中国与欧洲及"一带一路"沿线各国的集装箱国际铁路联运班列。

中欧班列共有西、中、东三条通道。西部通道由中国中西部经阿拉山口，也就是霍尔果斯口岸出境。中部通道由中国华北地区经内蒙古自治区的二连浩特出境。东部通道由中国东南部沿海地区经内蒙古自治区的满洲里或者绥芬河出境。这三条线路把中国各省、市的主要城市与从中亚到西亚一直到欧洲的主要国家都连通了起来。

中欧班列开行数量保持强劲增长态势。2016—2023年，班列年开行数量由1 700余列增加到超1.7万列，年均增长39.5%。中欧班列累计开行突破9万列，发送货物超870万标箱、货值超3 800亿美元。截至2024年6月，中欧班列已通达欧洲25个国家223个城市，连接11个亚洲国家超过100个城市，服务网络基本覆盖欧亚全境。①

如今，"高质量发展"已成为中欧班列前行的关键词。

---

① 《中欧班列累计开行突破9万列："这是一条中欧之间的黄金通道"》，环球网，https：//baijiahao. baidu. com/s？ id＝1801538623814448869&wfr＝spider&for＝pc，2024年6月11日。

二、中欧班列的商务故事

1. 中欧班列"长安号"带来的新机遇

导读： 西安不仅是"丝绸之路"的起点，还拥有中国第一个不沿江、不沿海的国际内陆港——国际港务区。2013 年 11 月 28 日，首列"长安号"国际货运班列从这里开始运行。中欧班列"长安号"是西安践行国家"一带一路"倡议，发展门户经济、枢纽经济、流动经济的重要实践，已基本覆盖中亚、中东和欧洲等主要货源地，成为西安对外开放的一张新名片。"一带一路"倡议给在西安创业的年轻人元朝辉和他的哈萨克斯坦妻子阿妮塔带来了意想不到的商机和惊喜，随着中欧班列"长安号"的开通，这对夫妻的生活也发生了翻天覆地的变化。

中哈夫妇的"丝路"创业生活

2007 年初秋，美丽的哈萨克斯坦姑娘阿妮塔走在中国古城西安的街头，吸引了不少路人的目光，在西安创业打拼的元朝辉就是其中一个。"看到她的第一眼，就决定了一辈子。"他对这个大眼睛、鹅蛋脸的姑娘一见钟情，于是壮着胆子，上前索要阿妮塔的电话。

每个周末，元朝辉都会陪着在西北大学留学的阿妮塔，搬几个大箱子跑邮局，把**网购**的中国日用品寄给她在哈萨克斯坦的亲朋好友。

然而，受限于**物流**条件，跨境物流通常耗时很久。"少则一个月，多则三五月，有时姑娘们买的裙子寄到时可能已经是冬天了。"阿妮塔对记者回忆道。而且跨境物流的邮寄费也很高。"那时阿妮塔常用我的淘宝账号买东西，再寄给家人。因为需要我**垫钱**，所以对高昂的**运费**深有感触，每公斤商品要七八十元。"元朝辉说。

不过，由于中国产品**物美价廉**，而哈萨克斯坦的轻工业相对落后，找阿妮塔**代购**的朋友还是越来越多，她和元朝辉的交往也越来越频繁。两人的爱情之花在古城西安缓缓绽放。2013 年，元朝辉鼓起勇气去哈萨克斯坦提亲。第二年，两人结为跨国伉俪。

那时，"一带一路"倡议正开始引起积极反响。阿妮塔家乡**电商**的欠发达，让元朝辉这个中国女婿嗅到了商机，两人决定从事**跨境电商**贸易。他们在社交网站上建了一个代购点，当地客户可以在网上提交购买需求，付一半定金，收到货时补齐另一半货款。为迎合当地人的购物习惯，他们尝试着在哈萨克斯坦建了两个线下体验店，取名"丝路驿站"，让顾客通过实体店电脑上的照片选商品，随后在收银台下单、取货，这让越来越多的人产生了信任感。

2015年，中欧班列"长安号"开通，这是西安响应"一带一路"的建设项目。此前，由于通关和物流效率低下，货物不易顺利送达，夫妻俩多次赔偿客户。有了"长安号"，客户10天内就能收到货。"好货不贵，快递还快。"阿妮塔夫妇借势发力，将代购小生意发展成遍及中亚、俄罗斯的"丝路城"跨境电商平台。

跨境电商通欧亚，造福丝路千万人。依托"长安号"，阿妮塔夫妇促成多家中国企业与哈萨克斯坦的合作事宜，成为"一带一路"的"民间使者"。6个海外仓、300余家中国供应商、2 000余个丝路驿站……两人互为帮手，元朝辉拓宽国内采购渠道，阿妮塔则负责国外团队的管理和扩展，"丝路城"的规模迅速扩大至中亚多国及俄罗斯地区。

在自家生意之外，阿妮塔还是哈萨克斯坦工商联的驻中国代表。处理日常事务之余，她想帮助家乡的更多年轻人创业。于是，她在家乡开了一家创业咖啡厅，定期举行创业主题讲座，开展培训和咨询。不少青年企业家就是从这里了解到中国自贸区相关政策，和中国伙伴做起了生意。元朝辉也在西安牵头搭建跨境电商双创孵化平台，培养了许多跨境电商人才。

为进一步推进跨境电商事业，夫妇俩于2019年建立了面向俄语区国家消费者的电商购物平台——SRC Shop。卡米拉就是在这个平台上成功创业的一员。这个哈萨克斯坦姑娘只负责选品和推广，不用操心货源和物流，等货物卖掉后才需要支付进货款。像她这样通过SRC Shop"零成本创业"的中亚人已经超过600个。

阿妮塔夫妇给这些创业者提供海外仓、保价、运费折扣等福利，通过接入第三方跨境支付降低结算成本，同时引导创业者发展成"**网红**"直播带货博主，平台总销量一路暴增。哈萨克斯坦姑娘达娜在SRC Shop上为中国的卷发器和补光灯直播带货，月销量数千单，也带动她的INS粉丝增长至226万。整体来看，"丝路城"覆盖供货、资金、销售、海外仓储及物流全产业链，年销售额过亿。平台带动的丝路创业热潮，更是帮助一批中小企业商通丝路，让中亚民众切实感受到"一带一路"的力量。

"哈萨克斯坦人使用中国产品时，经常提出想到中国卖**特产**。作为哈萨克斯坦女婿，打造'走出去、引进来'的大通道，其实也是我创业初期的构想。"元朝辉说。他身体力行，与哈萨克斯坦最大的蜂蜜生产商签订进口协议，将绿色、无污染的蜂蜜引进中国。

彩凤双飞翼，流光照丝路。情，缘起丝路；家，安在丝路；事业，辉煌于丝路。阿妮塔夫妇的不期而遇和相互成就，构成了过去十多年他们各自人生的主线，他们也因此获得了 2020 年首届"丝路友好使者"称号。"感谢我们能生活在这样一个伟大的时代。受惠于丝路政策的互联互通，我们爱情事业双丰收。未来希望与丝路沿线国家的交流从贸易交流提升到文化互通，希望'长安号'开到哪里，我们就将业务做到哪里。也希望借助我们的力量，有更多年轻人参与到'一带一路'的创业热潮中。"阿妮塔在颁奖现场说。

（本文来源：冯璐、陈佳莉：《阿妮塔和中国丈夫的"丝路"生意》，《环球人物》2021 年第 3 期，第 2 页）

关键词汇①

创业 chuàngyè 创办事业。

例句：他决定辞去稳定的工作，开始自己的创业之路。

网购 wǎnggòu 通过互联网进行购物的行为。

例句：网购已经成为现代人生活的一部分，越来越多的人选择在网上购买商品和服务。

物流 wùliú 物品从生产地到消费地的运输和流通过程，包括采购、仓储、配送等环节。中国的物流公司有中国邮政、顺丰、韵达、圆通、中通、申通等。

例句：亲爱的顾客您好，感谢您选择顺丰快递，我们一定给您最满意的物流服务！

垫钱 diànqián 暂时借用或垫补款项。

例句：谢谢你先帮我垫钱，改天必定还你！

---

① 本书关键词汇的释义参考了多方面的解释，具体条目视本节学习需要而定，不严格按照本书出现的顺序。

运费　yùnfèi　运输货物所需要支付的费用，包括货物的装卸费、运输费、保险费等。电商的运费模式有两种：一种是卖方支付，也称作"包邮"；另一种是买方支付，即"不包邮"。

例句：亲爱的顾客您好，本店商品全场包邮，无须支付运费，欢迎选购！

物美价廉　wùměijiàlián　东西价钱便宜，质量又好。

例句：因为这家超市物美价廉，所以每天都有许多顾客光临。

代购　dàigòu　代理购买商品的行为。

例句：我最近找一位朋友代购了一些海外的化妆品。

电商　diànshāng　通过互联网进行商业活动的过程。中国国内的电商平台有淘宝、天猫、京东、当当、拼多多等。

例句：随着互联网的普及，人们越来越倾向于通过电商平台进行购物。

跨境电商　kuàjìng diànshāng　服务不同国家区域的人们进行线上电子交易的平台。

例句：由于网络通信的发展，地球上不同国家和地区人们之间的联系也愈发紧密，全球进入跨境电商时代，在中国可以买到来自世界的产品，同样，中国的品牌也走向世界。

网红　wǎnghóng　在网络上拥有一定影响力和粉丝群体的人，通常以自己的才艺、美貌、搞笑事件等吸引人们关注和追捧。

例句：中国的"Papi 酱"就是一名知名的"网红"。

特产　tèchǎn　某个地区特有的食品、手工艺品等具有代表性的产品。

例句：中国的云南普洱茶就是一种著名的特产。

思考题

(1) 这对跨国夫妇的商机从何而来？在他们商业版图的扩张中，西安这座古城扮演的角色是什么？

(2) 中欧班列"长安号"开通的起点和终点是哪里，途经多少个国家？

2. 中欧班列（成渝）联通中欧生活

导读： 中欧班列（成渝）号是一个由重庆和成都共同创立的全新中欧班列品牌，也是全国首个两地合作开行的中欧班列品牌。它翻开了中欧班列发展新篇章，也为成渝地区双城经济圈建设注入了新动力。2023 年，成都、重庆两地中欧班列累计开行超 5 300 列，运输箱量超 43 万标箱。目前，中欧班列（成渝）号运行线路近 50 条，覆盖欧亚 110 个城市。截至 2024 年 6 月，重庆作为最早开行中欧班列的城市，已经累计开行列车近 16 000 列、发运货物 130 万标箱、运输货值超过 5 300 亿元。① 波兰小哥马杰和成都的结缘就源于中欧班列（成渝）号，在成都生活的马杰可以享受到波兰家乡的美食美酒，也把成都的特产带回了家乡，中欧班列（成渝）号不仅是"一带一路"重要的贸易联通号，也改变了"蓉漂"马杰的生活，成就了他的事业。

波兰小哥与"一带一路"的故事

2013 年起，马杰因留学机遇一直在成都生活。问他为何选择了成都，马杰说是因为一条横跨欧亚的货运专列。如今，他也成为搭乘这趟"中欧班列（成都）"的幸运儿，有了可期的职业前景，安心地留在了成都。"中欧班列（成都）"连接了中国成都和马杰的家乡波兰罗兹，而铁轨带来的合作机遇，也助力年轻的马杰成为一家跨国**贸易**公司的总经理。

随身佩戴小米手环，**微信**好友众多……和其他定居在成都的外国人一样，马杰成了典型的"蓉漂"：虽然戴着**斯文**的黑框眼镜，骨子里却已有火辣十足的四川人性格，言谈**热情奔放**，偶尔还**夹杂**几句成都本土话。

马杰的祖国波兰位于欧洲腹地，是欧洲水果和蔬菜的主要生产国，牛奶、谷物早餐等食品以及伏特加、果汁这些酒类饮品，也受到成都人民的喜爱和好评。如今在成都购买到这些新鲜的波兰本土美食，都**得益于**中欧班列（成都）。

马杰是"一带一路"建设中"中欧班列"项目的亲历者和见证者。在他看来，相距延续上万公里的中欧班列促进了成都与波兰的贸易合作，两地互动高频持续，关系更加密切友好。在中欧班列（成都）未开通前，成都和波兰的传统贸易项目大概只有

---

① 《累计开行近 16 000 列！重庆中欧班列服务效能持续提升》，《光明日报》，2024 年 6 月 5 日。

15 个，主要**涉及**药品、技术、冷冻方面，"班列开通后，业务类型成倍增长"。马杰提到，成都从波兰引进的产品主要涉及美食、技术等相关领域，而成都的绿茶、红茶、作料等产品也会出口到波兰。

6 年的时间里，马杰先后参与了超过 5 个关于波兰产品在中国的引进和推广项目。他所任职的波兰琥珀国际咨询公司（AGC）就是一家为帮助波兰的生产商和贸易商进入中国市场而提供服务的咨询公司。

马杰也常常在他的**朋友圈**里向贸易商们分享中波两国的商品，积极促成中国和海外的贸易合作。从几年前的麦片、蜂蜜、葡萄酒等传统波兰商品，到现在的薯片、苏打水，甚至夏令营活动，马杰和中国的关系因一条铁路而更加亲密。

"糖酒会马上就结束了，但我们会一直提供欧洲的特色产品。大家在找欧洲产品吗？要做 OEM（代工生产）吗？请在微信联系我。"这是 3 月 22 日，马杰在朋友圈发出的文字。作为 AGC 的总经理，马杰几个月前就开始为这次糖酒会的会展做**筹备**。受益于"一带一路"建设，他所在的公司向愿意同中国做生意的波兰及其他欧洲国家的公司提供咨询服务，也为中国的厂家牵线铺路，助其将产品出口到波兰。

马杰表示，"蓉欧快铁"将成都和罗兹贯穿起来，也打通了两地的商品贸易，为两国的经贸发展提供了极大的机遇。

实际上，这是马杰的第四次糖酒会之旅。他还注意到，参与糖酒会的国内专业观众数量在逐年增长，其中有不少来自中国东部沿海地区。"整个下午，我一直在交流，有太多的人来找我们谈合作，也让我们看到了中国市场还有无限**潜力**。"马杰**透露**，当天有很多来自上海、浙江等地的厂商前来咨询，也说明近年来成都的软硬实力与**影响力**都在不断提升。

（本文来源：《"一带一路"如何改变他们？看看这位波兰小哥的故事》，红星新闻，https：//baijiahao. baidu. com/s？id = 1632290152421297911&wfr = spider&for = pc，2019 年 5 月 1 日）

关键词汇

贸易 màoyì 不同地区、国家或经济体之间进行的商品和服务的交换活动，涉及进出口、批发、零售等多个环节，是国际经济交往的重要组成部分。

例句：中国与美国之间的贸易往来非常频繁，双方通过进口和出口商品来实现经济利益的互补。例如，中国向美国出口大量的电子产品、服装等，而从美国进口大豆、飞机等商品。

微信 wēixìn 微信是腾讯公司于 2011 年 1 月 21 日推出的一个即时通信应用程序，提供公众平台、朋友圈等功能。微信还有"支付"功能，是线上付款的主要手段之一。

例句：在中国生活，微信是手机上必备的软件，可以聊天、与朋友互通视频、线上付款等。

斯文 sīwén 有教养、有修养，也指文化程度较高。

例句：他是个很斯文的人，言谈举止都很得体。

热情奔放 rèqíng bēnfàng 形容人或事物充满激情、活力和自信，表现出积极向上、不拘小节、敢于冒险的精神风貌。

例句：她的演讲非常热情奔放，让听众们深受感染。

夹杂 jiāzá 掺杂着一些不同的事物或因素。

例句：这篇文章中夹杂了许多语法错误，需要修改。

得益于 déyìyú 表示某事或某人从某种事物、环境、条件等方面得到了好处、优势、帮助等。

例句：他的成功得益于自己的刻苦努力和良好的人际关系。

涉及 shèjí 牵涉到某个范围、领域或问题。

例句：这个问题涉及公司的未来发展，我们需要认真讨论。

朋友圈 péngyǒuquān 腾讯微信上的一个社交功能，用户可以通过朋友圈分享文字、图片或音乐、视频。用户可以对好友新发的动态进行评论。

例句：他喜欢把自己的工作感受发到朋友圈。

筹备 chóubèi 为某个活动或某件事情进行前期的准备工作，包括资金、人员、物资等方面的安排和调配。

例句：我们需要提前筹备好场地和设备，以便顺利进行演出。

潜力 qiánlì 某个人或某种事物在未来可能发挥出的较大的能力或价值，通常表现为未被发掘或利用的潜在优势。

例句：这个年轻人有很大的发展潜力，只要好好培养，将来一定会有所成就。

透露　tòulù　泄露或显露出一些原本不为人知的信息或秘密。

　　例句：他不小心透露了公司的机密，导致公司遭受了很大的损失。

影响力　yǐngxiǎnglì　用一种别人乐于接受的方式，改变他人的思想和行动的能力。

　　例句：中国古代政治家管仲的政治思想富有影响力。

思考题

（1）文章中的波兰小哥马杰是个典型的"蓉漂"，请你用自己的话描述一下"蓉漂"是什么样的。

（2）马杰想在朋友圈介绍一下自己的工作和公司的主营业务，请你帮助他写一段话。

第二节　中国高铁：陆地黑科技

一、中国高铁是什么

中国高速铁路（China Railway High-speed），简称"中国高铁"，是指中国境内建成使用的高速铁路。2007 年，和谐号电力动车组投入运营。截至 2023 年底，全国高铁运营里程达 4.5 万公里，稳居世界第一。2023 年，复兴号开行实现了 31 个省份全覆盖。中国铁路营运高速列车均为动车组列车，车次分"C、D、G"三种字母开头。

高姐：又称"动姐"，即高速列车乘务员，专门在动车组列车服务旅客，拥有类似空姐的高标准客运服务形象。

高铁技术：截至 2014 年，中国已具有世界先进水平的高速铁路，形成了比较完善的高铁技术体系。

二、中国高铁的商务故事

1. 中文助力圆梦：用汉语学习中国高铁技术

导读：中国高铁技术已经跻身世界一流，每年都有大量的留学生来中国学习高铁技术，渴望学习中国高铁技术的海外留学生们该如何完成他们的学业呢？

火遍世界的高铁技术

2020 年 7 月 1 日,58 名泰国留学生通过"**云端**"入学柳州铁道职业技术学院,开启线上汉语课程学习。

该批留学生来自铁道信号自动控制和铁道工程技术两个专业,原计划于 2020 年 5 月来中国开展为期一年半的学习,预计当年 9 月进入专业课程学习。

进入线上汉语教学平台,屏幕上是教师制作的**课件**,教师正带领留学生进行情景对话,讨论区内是学生们回复教师问题的答案。

相关负责人说:"这批留学生来自泰国四所**职业院校**,当前由各校组织学生在校内集中上**网课**,有汉语听力、汉语阅读、汉语书写、中国概况等课程,为接下来的高铁技术专业学习打好基础。目前从师生**反馈**来看,学习进度、效果都不错。"

随着中泰铁路合作项目的推进,学习高铁技术成为许多泰国学生的选择。这是到柳州铁道职业技术学院学习的第三批泰国留学生。第一批 28 名留学生已经毕业,一半学生进入泰国轨道交通企业工作;第二批 39 名留学生准备开启**顶岗实习**。

为了提高教学质量,该校通过网络和泰国院校持续**沟通**,调整教学计划。目前不断有泰国院校与该校进行**接洽**,希望能够合作培养高铁技术人才。

(本文来源:《云入学!啥都不能阻挡留学生学习中国高铁技术》,澎湃新闻,https://m. thepaper. cn/baijiahao_8407275,2020 年 7 月 23 日)

关键词汇

云端 yúnduān 一款采用应用程序虚拟化技术(Application Virtualization)的软件平台。通过该平台,各类常用软件都能够在独立的虚拟化环境中被封装起来。

例句:中国很多科技公司都开始进行云端软件布局。

课件 kèjiàn 用于教学或培训的电子或纸质教材,通常包括文字、图片、音频、视频等多媒体元素。

例句:老师使用课件来辅助讲解,让学生更容易理解知识点。

职业院校 zhíyè yuànxiào 以培养职业技能为主要目标的教育机构,通常提供中等职业教育和高等职业教育。

例句：他在一所职业院校学习了两年的汽车维修技术，现在已经成为一名熟练的技师。

网课 wǎngkè　利用电子设备，通过互联网学习的线上课程。

例句：您可以在家中通过电脑或手机参加网课，而不是去学校上课。这种方式可以让您更加灵活地安排学习时间，并且可以节省通勤时间和费用。

反馈 fǎnkuì　对某种事物或行为的结果进行回应、评价或提出意见。

例句：我们需要听取用户的反馈，以便改进我们的产品。

顶岗实习 dǐnggǎng shíxí　学校安排在校学生实习的一种方式，需要完全履行其岗位的全部职责。其最大的特点是学生需要独立承担工作的全部职责，可能没有固定的指导老师，考核也相对严格。顶岗实习一般安排在毕业前的最后一年。

例句：为了解决大学生的就业问题，越来越多的学校走进企业，为学生联系顶岗实习。

沟通 gōutōng　交流、传递信息或思想，以便达成共识或解决问题。

例句：有效的沟通可以促进团队合作和提高工作效率。

接洽 jiēqià　跟人联系，洽谈有关事项。

例句：我跟客户接洽了一项新的业务。

思考题

（1）高铁技术吸引了各国年轻人来中国学习，你认为在学习中，专业技术能力的提升和汉语水平的提升哪个更重要呢？

（2）文章中的学生通常学习多长时间就可以毕业上岗？

2. 中老跨国铁路：通往诗和远方的幸福快车

导读： 中老铁路（China/Kunming-Laos/Vientiane Railway），即"中老国际铁路通道"，是一条连接中国云南省昆明市与老挝琅南塔省万象市的电气化铁路，是第一个以中方为主投资建设、中老共同运营并与中国铁路网直接联通的跨国铁路。来自老挝的23岁姑娘宋朋梦想成为中老铁路的一名司机，那么要成为一名优秀的女司机，需要付出多少努力呢？

她努力学习中文，梦想成为中老铁路第一位女司机

"我叫宋朋，宋江的宋，朋友的朋。"

这位23岁的姑娘来自与中国**接壤**的老挝北部山区琅南塔省。她的梦想是成为老挝第一条**现代化**铁路——中老铁路的第一位女火车司机。

"我一直对铁路感到**好奇**。铁路行业以男性居多，但我认为在这个时代，男性能做到的事情女性也可以做到。如果可以，我想一直在铁路工作。"宋朋说，她之前会一些中文，但"有好多技术名词不懂，这个**培训**对我来说很重要"。

老挝国立大学孔子学院教师覃滟鸿参加了对老挝学员的培训，"这次教学涉及很多有关铁路的专业知识，我们之前也没有学过，所以最大的困难就是老师要先学习，然后再教学生。中老铁路是连接两国人民的重要**纽带**。这次铁路班的学员是第一届，我们希望把这个开始做好"。

刘柳在老挝国立大学孔子学院为学员们上铁路专业汉语阅读课。"他们学习热情很高，也特别认真，每天都来得特别早，还走得特别晚。"

在孔子学院学习中文的过程中，老师的**辛勤**付出和**耐心**授课最让宋朋感动。"刚开始连课本都看不懂，但老师会一遍遍教到你听懂为止。"

完成中文**强化**培训后，宋朋正在用中文学习铁路专业理论。中老铁路于2021年底建成通车，希望这个老挝姑娘通过自己的努力实现梦想。

（本文来源：《她努力学习中文，梦想成为中老铁路第一位女司机》，新华社新媒体，https：//baijiahao．baidu．com/s？id=1680779742197935791&wfr=spider&for=pc，2020年10月17日）

关键词汇

梦想　mèngxiǎng　渴望。

　　例句：他梦想成为一名科学家。

接壤 jiērǎng 地区交界。

例句：中国新疆维吾尔自治区南部喀什地区塔什库尔干县的广大区域与巴基斯坦北部接壤，这里有中国唯一与巴基斯坦通关的陆路口岸——红其拉甫边境口岸。

现代化 xiàndàihuà 社会、经济、政治和文化等方面的发展和变革，以适应现代世界的需求和挑战。

例句：中国的城市现代化速度让全世界惊讶。

好奇 hàoqí 对未知事物感兴趣并想要了解更多。

例句：孩子们总是对新事物充满好奇。

培训 péixùn 通过教育和训练来提高员工或学生的能力和知识水平。

例句：公司为新员工提供了一周的培训课程。

纽带 niǔdài 连接两个或多个事物之间的关联点，也可以指具有凝聚力和联系的事物。

例句：家庭是人们心灵的纽带，能够给予我们支持和安慰。

辛勤 xīnqín 辛苦勤劳。

例句：他辛勤地工作了一整天，终于完成了这个项目。

耐心 nàixīn 心里不急躁，不厌烦。

例句：他非常有耐心，可以花很长时间解决问题。

强化 qiánghuà 加强、巩固或提高某种事物或概念的程度或质量。

例句：政府采取了一系列措施来强化环境保护工作。

思考题

（1）中老铁路的开通对于宋朋的意义是什么？

（2）为了实现自己的梦想，宋朋在中国学习了哪些课程？

第三节　港珠澳大桥：世界超级工程

一、港珠澳大桥是什么

　　港珠澳大桥是中国境内连接香港、珠海和澳门的跨海大桥，位于中国广东省珠江口伶仃洋海域内，为珠江三角洲地区环线高速公路南环段。从 2018 年 12 月 1 日起，首批粤澳非营运小汽车可免加签通行港珠澳大桥跨境段。

　　港珠澳大桥桥隧全长 55 公里，其中主桥 29.6 公里，香港口岸至珠澳口岸 41.6 公里；桥面为双向六车道高速公路，设计速度为 100 公里/小时；工程项目总投资额为 1 269 亿元。[①]

　　港珠澳大桥因其超大的建筑规模、空前的施工难度和顶尖的建造技术而闻名世界。

二、港珠澳大桥的商务故事

1. 港珠澳大桥：物流"加速度"

　　导读：在港珠澳大桥建成之前，香港、澳门和珠海三地之间的物流方式主要为水运，从香港到珠海、澳门的车程需要 3 小时，大桥开通后缩至 45 分钟。港珠澳大桥的正式开通为香港、澳门、珠三角地区的经济加速腾飞带来了助力，拉动了经济和社会的融合发展。

---

　　① 港珠澳大桥，百度百科，https：//baike. baidu. com/item/% E6% B8% AF% E7% 8F% A0% E6% BE% B3% E5% A4% A7% E6% A1% A5/2836012？ fr = ge_ala#reference − 6 − 157066 − wrap。

跨境的"年货"

2022 年 12 月 26 日 9 时 30 分，港珠澳大桥珠海公路口岸迎来了**出境**货车**高峰**，一辆辆载满"年货"的跨境货车，**源源不断**地从这里快速通关，运往香港和澳门各大市场。

港珠澳大桥作为联通粤港澳三地的跨境大通道，具有通关效率高、交通便利的优势。港珠澳大桥边检站提供 7×24 小时全天候通关服务，在保障供港、供澳民生**物资**安全方面发挥了重要作用。

记者从珠海边检总站港珠澳大桥边检站了解到，春节前经港珠澳大桥珠海公路口岸出入境的货车数量持续增长，截至 2022 年 1 月 26 日，该站共查验出入境货车超过 3.1 万辆次，**同比**增长 15%。

"金橘、菊花、牡丹、芍药……是澳门商家和居民最喜爱的。这些年花主要来自珠海、广州等地，我们凌晨装运，中午就能供应澳门市场。"负责运送这批鲜花的司机王师傅说。

"年花、糖果、年糕、**对联**、彩灯、饰品……各种各样的年货，最多的时候一天有四十辆车。"陈庆是有着十几年车道工作经验的老民警，他表示，该站今年已查验运送年花的货车超过 300 辆次。

港珠澳大桥边检站相关负责人表示，针对春节前货车出入境高峰，该站科学**调配**警力，确保高峰时段及时开足查验通道；车流高峰时段安排技术警力，通过车辆一站式自助查验系统，采取视频**巡检**与实地巡检相结合的方式加大巡检密度，确保设备安全稳定运行。此外，该站还配合有关部门严密做好车辆闭环管理，全方位保障输往香港、澳门市场的年货产品高效、安全、顺畅通关。

（本文来源：《经港珠澳大桥珠海公路口岸出入境货车数量持续增长》，中国青年网，http：//news. youth. cn/jsxw/202201/t20220126_13407488. htm，2022 年 1 月 26 日）

关键词汇

出境 chūjìng　离开一个国家或地区，通过海关和边境检查等手续进入另外一个国家或地区。

例句：我们需要办理签证才能出境旅行。

高峰 gāofēng 某个时期或某种情况下的最高点或最高水平。

例句：春节期间，火车站迎来了返程高峰。

源源不断 yuányuánbúduàn 形容某种事物或现象持续不断地出现或发生。

例句：这家公司的业绩一直源源不断地增长，十分令人钦佩。

物资 wùzī 用于生产和生活的各种物品和设备，包括原材料、零部件、成品、半成品等。

例句：工厂需要大量的物资来生产产品。

同比 tóngbǐ 在一定时期内，与上一年同期相比。

例句：今年 9 月份的销售额同比增长 12%。

对联 duìlián 由两句意义相对应、形式对称的诗句组成的文学形式。

例句：春节期间，人们喜欢在门上贴上一副对联，以祈求来年的好运和平安。

调配 diàopèi 根据需要将不同的物质或资源进行组合、分配的过程。

例句：这家工厂负责调配各种化学原料，生产出高质量的产品。

巡检 xúnjiǎn 在产品生产、制造过程中进行的定期或随机流动性检验。

例句：为了保证质量，必须加大对产品的巡检力度。

思考题

(1) 港珠澳大桥联通了哪些区域，对这些区域人们的生活有什么积极影响？

(2) 文中提到的通过港珠澳大桥运送的年货大概有多少种？

2. 港珠澳大桥："世界奇迹"

导读：港珠澳大桥是中国建设的超级工程，是世界桥梁建设史上的巅峰之作。它是贯通粤港澳大湾区的"脊梁"，既是"中国名片"，更是"世界奇迹"。

港珠澳大桥：海天之间托起人类奇迹

走在珠海的香炉湾，站在香港的赤鱲角，登上澳门的制高点，都能看到这样一座桥，它如一缕绸带，将茫茫大海划成两半，而后**蜿蜒**伸向远方，成就建筑史上里程最长、投资最多、施工难度最大的奇迹，它就是港珠澳大桥。

港珠澳大桥所在的这片海域是伶仃洋。1278 年，南宋著名诗人文天祥一句"人生自古谁无死，留取丹心照汗青"道尽了国破家亡的**悲愤**和**崇高**的民族气节，自此，伶仃洋便成为无数仁人志士心目中一个神圣的地方。而今 700 多年过去了，战火**硝烟**散尽，一桥飞架南北，**天堑**变通途，港珠澳大桥的通车，是中国强大的象征，也使伶仃洋不再"伶仃"。

港珠澳大桥全长 55 公里，是中国第一例集桥、双人工岛、隧道为一体的跨海通道，被媒体称为"新世界七大奇迹"之一，是中国桥梁历史上的"珠穆朗玛峰"。这座被称为奇迹的桥梁使用的钢材总量相当于 60 座埃菲尔铁塔，能**抵抗** 8 级地震、16 级台风，还有长达 120 年的使用寿命。

伶仃洋是"海上大熊猫"中华白海豚的最大栖息地，海天之间，人与自然和谐共处，超级工程与中华白海豚相互守望。为了让这些珍贵的海豚"不搬家"，港珠澳大桥的建设者们费尽心机，研究人员 300 多次出海跟踪，拍摄了 30 万张照片，对千余头白海豚进行标识，采取多样工程措施避免对其造成伤害。

每一座桥都有文化**内涵**，从上空**俯瞰**，大桥在离岸 20 多公里处倏忽隐没，再在 6 公里外腾空而起，连接两端的小岛状似蚝贝，人们亲切地称其为"贝壳岛"。云淡风轻，从香港大屿山往西望去，在伶仃洋海面上，东人工岛连接大桥香港段，毗邻香港大屿山及香港国际机场，在大屿山葱葱山景的衬托下愈发显得小巧，向南是中华白海豚自然保护区，偶见白海豚嬉戏、浮沉的景象，而眼前的港珠澳大桥，则似一条巨龙，将中国人的信心和梦想点燃，静静地守护着粤港澳三地。

（本文来源：《港珠澳大桥：海天之间托起人类奇迹》，环球网，https：//baijiahao. baidu. com/s？id = 1686953501795493644&wfr = spider&for = pc，2020 年 12 月 24 日）

关键词汇

蜿蜒　wānyán　形容道路、河流等曲折的样子。

例句：那条小溪蜿蜒地穿过山谷，一直流向远方的大海。

悲愤　bēifèn　因受到不公正待遇、伤害或背叛等而产生的悲痛和愤怒情绪。

例句：他因为被公司解雇而感到悲愤不已。

崇高　chónggāo　高尚、至高的意思。在精神或道德上能达到统揽全局的无私的牺牲奉献精神。

例句：他崇高的品质让人敬佩。

硝烟　xiāoyān　爆炸物爆炸后形成的烟雾，也可以形容战火。

例句：战场上弥漫着浓浓的硝烟。

天堑　tiānqiàn　天然的壕沟，比喻地形险要，多指长江。

例句：南京长江大桥：一桥飞架南北，天堑变通途。

抵抗　dǐkàng　对抗、反抗、抵制或忍受。

例句：我们必须抵抗这种不公正的行为。

内涵　nèihán　事物内部所蕴含的意义、价值或精神。

例句：这幅画虽然简单，但蕴含着深刻的内涵。

俯瞰　fǔkàn　从高处向下看，俯视。

例句：站在山顶上，可以俯瞰整个城市。

思考题

（1）港珠澳大桥有建筑史上哪三个"之最"？

（2）港珠澳大桥所在的海域是什么，有什么相关的历史故事？

第二章

商务流量

"一带一路" 新密码

当下，中国制造正在海外市场掀起一场风暴，这个风暴产生的平台就是"全球速卖通"。速卖通是阿里巴巴集团旗下唯一一个面向全球消费者市场的跨境零售电商平台，成立于2010年，拥有18个语种的站点，消费者覆盖全球220个国家和地区，主要交易市场为俄罗斯、美国、西班牙、巴西、法国等国。如今，越来越多的海外用户逐渐青睐速卖通上的中国商品。

自2015年起，网络直播逐渐进入中国民众的视野，2016年迎来"网络直播元年"。2018年4月，中国"网红"粉丝总人数达到5.88亿人，"网红"电商GMV年度增长量高达62%。[①] 2018年双十一期间，直播带货撑起了淘宝千亿销售额。2019年之后，直播带货更是成为各大电商平台的标配。2022年是直播电商"百花齐放"的一年。商务部数据显示，2022年上半年，全国网上零售额同比增长3.1%，其中直播带货增长58.2%，成为消费增长的新亮点。据艾瑞测算，2023年中国直播电商市场规模达到4.9万亿元，同比增速为35.2%。[②]

直播带货已经成为当下最火爆的营销模式之一，吸引了全球的年轻人参与，在中国生活、学习、工作的外国人也加入了直播大军。

从传统的图片文字到长视频，再到短视频，互联网的发展让信息传播形式不断发生变化，现在短视频成了品牌营销的最佳宣传阵地，人人都可以成为短视频内容的创作者。

---

① 《双11直播带货最厉害（直播带货销量排名）》，亿抖网，http：//wbfens.com/a/tbzx/24896.html，2023年7月7日。

② 《2023年中国直播电商行业研究报告》，艾瑞数智，https：//baijiahao.baidu.com/s？id＝1792302326966510399&wfr＝spider&for＝pc，2024年3月1日。

第一节　速卖通："一带一路"上的"中国淘宝"

一、速卖通是什么

全球速卖通（AliExpress）是阿里巴巴旗下面向国际市场打造的跨境电商平台，被广大卖家称为"国际版淘宝"。全球速卖通面向海外顾客，通过支付宝国际账户进行担保交易，并使用国际物流渠道运输发货，是全球第三大英文在线购物网站。

行业分布：覆盖 3C、服装、家居、饰品等 30 个行业。其中优势行业主要有：服装服饰、手机通信、鞋包、美容健康、珠宝手表、消费电子、电脑网络、家居、汽车摩托车配件、灯具等。

物流：邮政大小包、速卖通合作物流、商业快递。其中 90% 的交易使用的是邮政大小包。

二、速卖通的商务故事

1. 新时代消费分级：中国制造成为最受欢迎的产品

导读：在全球 B2C 市场中，速卖通覆盖 200 多个国家和地区，中国制造迎来了前所未有的国际机遇。速卖通是如何改变全球年轻人的购物生活的呢?

爱上速卖通

米捷特是哈萨克斯坦第一大城市阿拉木图的一位市民。在偶然发现速卖通针对海外用户销售中国商品后，他就开始经常浏览这个电商网站，还会研究一些**资深**顾客在博客上分享的购物心得，根据他们发送的购物**链接**，**按图索骥**，放心购买。

他说："在速卖通的购物**体验**很好。如果选择免费送货，到货时间差不多一个月或者一个半月。如果选择付费快递，不到两周就能到货。"

由于长期**依赖**能源和资源产业，哈萨克斯坦的**轻工业**不够发达，日用商品主要依赖进口。通过跨境电子商务，当地人足不出户就能买到质优价廉的中国商品。

米捷特说："在哈萨克斯坦下单后可以通过 QIWI 钱包进行支付，在市内任何一部充值终端机上，输入账户密码就能充值，网上购物很轻松。"

QIWI 钱包，类似支付宝，是俄罗斯企业开发的网上支付系统。阿里巴巴推出速卖通时就希望把它打造成一个"全球买，全球卖"的在线交易平台，一直以开放的态度在各国开展合作。

阿里巴巴全球速卖通国际站负责人刘威说，速卖通的业务在海外主要以**口口相传**的方式推广，在俄语国家以及西班牙、以色列等国都是比较领先的电商网站，很受欢迎。

根据网站统计分析商 Alexa 的数据，速卖通已经成为哈萨克斯坦排名第一的网上交易平台，其中服装、家居、数码产品等最受哈萨克斯坦的消费者欢迎。

哈萨克斯坦地处欧亚大陆中心，东南部与中国接壤，北部与俄罗斯相邻。作为丝绸之路经济带在中国境外的起点国，哈萨克斯坦力图通过改善基础设施，成为连接欧洲和亚洲的转运枢纽，提升货运效率，促进贸易增长。

位于中哈边境附近的霍尔果斯—东大门经济特区管理公司第一副总裁贝尔玛奇认为，贸易互联互通面临的主要挑战在于观念、技术和国家间的协调合作。"人们总是需要时间来接受新事物、新理念。中国'一带一路'构想为在贸易互联互通上的区域合作创造了新的**机遇**，我们非常期待同中国港口和电商企业的合作。"

（本文来源：《"键盘经济"在丝路上起飞》，人民网，http：//finance. people. com. cn/n1/2016/0814/c1004 - 28634754. html，2016 年 8 月 14 日）

关键词汇

资深 zīshēn 在某个领域或行业中经验丰富、资历深厚。

例句:这位老师是一位资深的教育工作者,拥有多年的教学经验。

链接 liànjiē 将两个或多个网页、文件、文章等内容联系在一起,以便用户通过点击链接来访问它们。

例句:这篇文章中有很多有用的信息,你可以点击链接查看更多细节。

按图索骥 àntúsuǒjì 按照图像来寻找好马,比喻按照线索寻找目标。

例句:我们需要按照这个指引按图索骥,找到目的地。

体验 tǐyàn 通过亲身经历、感受和参与,对某种事物或活动形成认识和理解的过程。

例句:这次旅行让我深刻地体验到了大自然的壮丽和神奇。

依赖 yīlài 对某种事物或人产生信任、依靠和需要的状态。

例句:长期依赖药物会导致身体产生抗药性,影响治疗效果。

轻工业 qīnggōngyè 以生产消费品为主的工业,包括纺织、食品加工、造纸、木材加工等行业。

例句:这个国家的轻工业发展迅速,已经成为经济的重要支柱之一。

口口相传 kǒukouxiāngchuán 通过口头传播,让信息、知识、文化等在人们之间流传开来。

例句:这个故事已经在我们的家族中口口相传了好几代人。

机遇 jīyù 某个特定的时间或情况下出现的有利条件或机会。

例句:这个市场的增长为我们带来了很多机遇。

思考题

(1) 速卖通是什么,有哪些功能?

(2) 米捷特是如何发现速卖通这个网站的?

2. 速卖通：成为更多欧洲人喜欢的 B2C 电商平台

导读： 全球 B2C 跨境电商平台中，速卖通在全球市场份额中的占比越来越高。速卖通订单最多的国家包括俄罗斯、巴西、法国、西班牙等，欧洲市场是重点。普华永道数据显示，波兰消费者习惯网上购买的比例达到了 85%，电商发展潜力巨大，速卖通在波兰的市场占比超过了电商巨头亚马逊。

速卖通成功打开波兰市场

普华永道数据显示，波兰消费者习惯网上购买的比例达到了 85%，电商发展潜力巨大。深入波兰市场三年有余，速卖通终于走上了正轨。波兰媒体发布的一份市场调查显示，波兰的在线购物服务迅速发展。与此同时，这份调查还**披露**了当地消费者在线消费数据，以及对各大电商平台的喜好排名。

报告指出，在当地消费者最受欢迎的电商平台中，来自中国的速卖通以及波兰本土的 Allegro 分别位列第一名和第二名，紧随其后的是来自美国的亚马逊，以及新加坡的 Shopee（亚马逊和 Shopee 并列第三）。

调查显示，有 43% 的受访者在网上购物时最关注的方面是产品价格，还有 27% 的受访者认为是否有现货也很重要，有 25% 的人觉得购物便利和免费送货更重要，以及运输速度也是人们考虑最多的地方。

速卖通在波兰建立了海外仓和**自提柜**。其在波兰罗兹的海外仓不仅可以覆盖当地，还能**辐射**到东欧和中欧地区。截至目前，速卖通自建的自提柜已经超过 500 组，覆盖了波兰核心的 6 个城市。目前从中国运出的货物只需要 15 天就可以送达波兰地区，在此之前，最长需要 40 天之久。

速卖通欧洲市场负责人 Gary 表示，今年速卖通将加速提升海外仓的**配送**时效，提升服务质量，从过往的全国 3 日达，提升至次日达，甚至最快 24 小时内送达，实现了相当于本地电商的服务体验。

2022 年，欧盟 16 岁至 74 岁的人口中，互联网用户数占比高达 91%，其中 75% 的欧盟民众曾使用电商渠道购买商品或服务。欧盟网购人数占比从 2012 年的 55% 增长至

2022 年的 75%。① 波兰所地处的东欧地区，人口总量超过 3 亿，占了将近 50% 的欧洲人口。据 InPost 预测，预计到 2024 年波兰电商市场将达 223 亿美元，电商份额将占据总零售额的 29.2%，当然这一数据还不包括食品和饮料等类别。当这部分网民培养了网上购物习惯后，电商市场未来的发展潜力不容小觑。当然，看上这块"蛋糕"的，除了亚马逊、eBay、速卖通这些国际性电商平台，还有诸如 Allegro、Wildberries、eMAG 等本土电商平台。

除了波兰，速卖通近期在智利等拉美国家的表现也非同凡响。不久前，智利全国商会在当地权威媒体上发布的一份《智利 2022 年第一季度电商报告》显示，速卖通以 24% 的订单量占比成为智利人使用最多的跨境电商平台，亚马逊排名第二，占比为 18%，Shopee 占比仅为 3%。

多方数据表明，拉丁美洲是全球增长最快的电商市场之一，且在未来 3 年毫无衰退的迹象。2021 年，巴西电商市场交易额为 1 562 亿美元，位居拉美市场第一，增长率为 41%；墨西哥的增长率为 32%；秘鲁的增长率为 45%。整体来看，除哥伦比亚外，拉美其他国家的增长率都超过了 20%。

根据美洲市场情报的数据报告，拉丁美洲国家的电商市场年增长率在过去 5 年内都呈现两位数。预计到 2025 年，都会保持在 30% 以上的增长率。2020 年 10 月，巴西央行推出的即时支付系统 PIX 正式上线，巴西跨境电商市场开启了蓬勃发展的浪潮，速卖通也就此在巴西加速发展。

在 12.8 亿的阿里全球用户数当中，9.79 亿来自中国，有 3.01 亿来自海外。在 B2C 领域中，速卖通覆盖 200 多个国家和地区，但按业务量看以欧洲（包括俄罗斯）为主，还有以巴西为代表的拉美市场。

（本文来源：《市场占比超越亚马逊！速卖通成波兰第一》，《电商报》，2022 年 6 月 17 日）

关键词汇

披露　pīlù　公开或透露某些信息、事实或秘密。

例句：公司已经披露了去年的财务报告，让投资者了解公司的财务状况。

---

① 《2022 年，欧盟电子商务市场实现快速增长》，中华人民共和国商务部网站，http://bg.mofcom.gov.cn/article/jmxw/202305/20230503411315.shtml，2023 年 5 月 22 日。

自提柜 zìtíguì　一种自助式快递服务，客户可以到指定的自提柜中取走自己的包裹。

例句：这个小区的居民可以通过自提柜来收取他们的快递包裹，非常方便。

辐射 fúshè　从中心向各个方向沿着直线伸展出去，也指对周边事物产生影响。

例句：前海模式可以有效辐射全国。

配送 pèisòng　将商品或货物从供应商处运送到购买方手中的一系列活动和流程。

例句：我们公司提供全国范围的物流配送服务，可以满足客户的不同需求。

不容小觑 bùróngxiǎoqù　不能被轻视或忽略，需要引起足够的重视和关注。

例句：这个问题的严重性不容小觑，我们需要尽快采取措施来解决它。

非同凡响 fēitóngfánxiǎng　不同于平常的乐曲，形容事物不同一般。多用于文艺作品。

例句：这部音乐作品非同凡响，很受听众欢迎。

权威 quánwēi　在某个领域内最有威望、最有支配作用的力量，是一种正当的权力，也可以说是极具公众影响力的威望。

例句：他的观点在学术界非常有权威。

浪潮 làngcháo　潮水，也可以指某一时期的思想、文化、艺术等方面的潮流。

例句：他的新书掀起了一股文学浪潮。

思考题

（1）波兰电商市场中，速卖通占比为多少？

（2）欧洲电商市场中，有多少具有市场影响力的电商运营公司？

第二节　直播带货：火遍世界的直播经济

一、直播带货是什么

直播带货，是直播娱乐行业在直播的同时带货，其形式在不断变化，出现直播带货的原因是电商的兴起，一些娱乐行业的人跟进并参与了进来。中华人民共和国商务部新闻发言人高峰说，直播带货可以帮助消费者提升消费体验，为许多质量有保证、服务有保障的产品打开了销路。网络直播必须符合有关法律法规。

2016 年，淘宝开始进行直播带货。2018 年，快手和抖音直播紧随其上。到 2020 年，直播行业迎来了大爆发。

目前直播行业已经成为电商布局标配，直播电商的意义是依靠 5G 技术的发展，给消费者带来更好的观看体验，解决买卖双方信息不对称的问题，从而缩短消费者的购买决策时间。2020 年，中华人民共和国人社部确定网络带货主播为直播销售员正式工种。随后，相应的职业技能标准出台。

目前，淘宝、抖音、快手是直播市场的三大平台。

二、直播带货的商务故事

1. 直播进行时："洋主播"掌握带货流量密码

导读：线上购物已经成为中国当代网民的消费习惯，只需要一部手机，就可以在各大购物平台观看直播并挑选自己心仪的产品，同时可以在线与主播互动，购物体验较好。带货主播也成为年轻人热衷的新型职业。在中国，有一批主播格外不同，他们就是来自海外各国的"洋主播"。

在中国从事直播带货的"老外"们

一个周六的上午，在上海市宝山区一个创业园区里，记者观看了一场带货直播，负责接洽主播的工作人员欢欢说记者运气好："正好赶上时间晚的一场。"这个时间还晚？欢欢解释，更多时候，后半夜才是欢欢的工作时间，凌晨0时到4时的直播，反而是黄金场次。这些直播面向海外市场，主播是外国人，受众有时远在大洋彼岸的美国，有时在大陆另一端的欧洲，北京时间的凌晨，于一批观看者而言，可能是最有空闲的时间。从2020年开始，国内直播行业**火爆**。有一批常年从事外贸和跨境电商的生意人，把相关经验运用到国际贸易上，跨境电商直播自然而然就形成了，同时催生了一批"洋主播"。

这场直播的主播是美国人Shaquala，中文名叫"王莎莎"，王莎莎的直播是电商平台"假发节"的场次之一。直播结束时，直播观看人数共计8 000多人。直播现场，背景墙面打了粉色灯光，放置了颇有"网红"风的沙发、梳妆镜。1名主播、1名副播，都是外国人，造型师、前台、场控、摄影师、技术、项目经理6名工作人员，都是中国人。两个小时，主播和副播共展示了大概10款假发，每款都亲自佩戴，并展示多种与发饰搭配的方案。欢欢他们给主播提前写好了英文**脚本**，内容是每款假发的特点和优势，现场还有一块小黑板，随时提醒主播进度和产品的折扣方案。

"Three，two，one，go！"倒计时结束，商品链接出现在屏幕左下角，在此之前，主播往往会做出夸张的表情，上演"价格低到难以置信"的戏码——这些"**伎俩**"，也与针对国内市场的直播极其相似。表面上看，面向海外的直播，是国内直播成熟模式的直接复制。深究一层，海外直播要根据海外受众的消费习惯做不少调整。比如**折扣**方式，"国内直播间玩的那一套太**复杂**了，跨店满减、买3件送1件、秒杀等，对于大多数海外用户，边看直播边购买已经是新形式了，搞太多花样反而效果不好"。欢欢表示，海外用户大多习惯在品牌官网上购物，结算时输入折扣码打折，所以直播间也采用了相似形式，直接减钱。

早在2018年，假发就已经成为中国销往海外商品中成交量的第一名，平均每两秒就能卖出一顶假发。在欧美市场，日常使用各类时尚的假发是潮流，一般一顶好的假发能卖到 200~300 美元。来自速卖通的数据显示，全球假发市场规模已达上千亿美元，其中产自中国的假发占全球总量的 80%。美国主播王莎莎在到中国前，想当然地认为在中国应该到处都是假发商店。但事实上，她在中国很难找到一家假发店，即便找到了，中国店主也未必懂得她的审美。"应该由我们向'外国人'展示，戴假发是什么样子的，怎么才能显得自然，是否能满足顾客期待。"王莎莎说。跨境电商直播中，类似的文化差异很常见。大多数观点还认为，当地人直播更容易建立用户和主播之间的信任，所以更容易促成生意。

Asilbek 来自乌兹别克斯坦，中文名叫李辰阳，他在杭州师范大学阿里巴巴商学院念书，不到 2 年，就做了超过 40 场直播。据他观察，身边的留学生朋友都得到过主播的工作机会，但大多只尝试了一两次。

李辰阳形象好，本就是各社交媒体上的活跃人物。他开始自己的第一场带货直播前，看了不少别人的直播，总结了不少"负面**典型**"："有的人**直挺挺**坐在桌子后面，开始介绍产品，明显对介绍内容很**生疏**，**生硬**地念台词，也不怎么看镜头，没话说的时候，主播浑身不自在，很**尴尬**。"李辰阳觉得，直播最大的挑战是把产品使用方法学会，把信息都背下来。他卖过机器配件，产品信息很零碎，直播时面对的客户专业程度很高，他只能先在网络上学习，再请教商家到底该如何表达。李辰阳和王莎莎的粉丝数还远远够不上"网红"级别，但他们仍然被国内的 MCN 机构（"网红"孵化机构）发掘了出来。直播时，他们面对镜头能滔滔不绝，能**抑扬顿挫**地介绍产品，能调动直播间气氛，算是**资质**很好的主播。

[本文来源：《这批在中国的"老外"，总在凌晨直播带货》（节选），上观新闻，http://export.shobserver.com/baijiahao/html/377114.html，2021 年 6 月 16 日]

关键词汇

火爆 huǒbào 非常热闹、热烈、激动人心的场面或气氛。
　　　　例句：这场演唱会非常火爆，观众都沉浸在音乐中。

脚本 jiǎoběn 表演戏剧、拍摄电影等所依据的底本。
　　　　例句：这部电影的脚本非常精彩，让人看得非常过瘾。

伎俩 jìliǎng 不正当的手段。
　　　　例句：他的骗术很高明，总是能够使用各种伎俩来骗取他人的钱财。

折扣 zhékòu 在原价的基础上减少一定的金额，通常用于促销或打折销售。

例句：这家商店正在进行夏季促销活动，所有商品都有五折的折扣。

复杂 fùzá 事物结构或关系多而杂，难以理解或处理。

例句：这个系统非常复杂，需要专业的技术人员才能进行维护和升级。

典型 diǎnxíng 具有代表性的人或事物。

例句：在这次比赛中，他表现得特别突出，堪称本次比赛的典型。

直挺挺 zhítǐngtǐng 形容身体僵直、挺直的样子。

例句：他们直挺挺地站在那里，不出声。

生疏 shēngshū 不熟悉或不熟练。

例句：我已经好久没有写中文了，所以对有些字和词语已经很生疏了。

生硬 shēngyìng 不自然或不流畅，缺乏柔和或圆滑的感觉。

例句：他的演讲非常生硬，没有吸引到听众的注意力。

尴尬 gāngà 感到不舒服或难堪，因为某种原因而无法自在地表现自己。

例句：我忘了带钱包，不得不向陌生人借钱，这让我感到非常尴尬。

抑扬顿挫 yìyángdùncuò 声音的高低起伏和停顿转折，常用来形容说话或唱歌时的声音。

例句：他的演讲非常生动，语调抑扬顿挫，让人听得非常入迷。

资质 zīzhì 一个人所具有的能力、技能、经验等方面的素质。

例句：他的音乐天赋和专业技能使他成为一名优秀的音乐家，这是他的优越资质。

思考题

（1）直播带货是什么？与线下销售相比，直播带货有什么优点？

（2）文章中提到的"洋主播"们，哪个主播的故事让你印象深刻？请说说是什么让你印象深刻。

2. 外国大使的"兼职卖货"生活

导读： 当代网络环境下，人人都可成为主播，连大使也来推销自己国家的特产了。让我们了解一下大使是如何带货的。

外国驻华大使竟也直播带货

近日，一位外国驻华大使直播带货的火爆场面引发**热议**。"5、4、3、2、1！"倒数结束，卢旺达驻华大使**推销**的数千斤咖啡豆、斯里兰卡驻华大使**代言**的锡兰红茶一上架就"**秒空**"。中国市场的巨大消费能力让外国友人赞叹。

最近几年，多国驻华大使纷纷进入直播间为本国产品"带货"，从最初的好奇、**忐忑**到热情高涨，迅速爱上"带货"，不断担当本国商品"代言人"，拉近各自国家与中国消费者的距离，也为本国商品赢得了巨大的商机。

在卢旺达，每30个人里就有一个人以咖啡种植业为生，而农业约占卢旺达国民生产总值的三分之一。2021年卢旺达咖啡豆等农产品**滞销**，为了帮助家乡农民，卢旺达驻华大使詹姆斯·基莫尼奥试了一把网络直播带货。他还未组织好语言，突然发现数千斤咖啡豆已经卖光了。现在大使已经成了**兼职**直播带货员，时不时体验货架"秒空"的快乐。

阿富汗塔利班上台后，出口中国的第一批货物是45吨松子。松子是阿富汗的主要经济作物。2021年大获丰收，但陷入滞销，11月6日晚上，央视出动王冰冰搭档李佳琦，一晚上卖空了这12万罐松子，阿塔临时外长兴奋异常，请来中国大使当面表达感谢。

45吨松子一夜售空后，阿富汗驻华大使说出心里话：我们真正期待的是对华贸易！

据彭博社11月15日报道，阿富汗驻华大使卡伊姆日前接受其专访时表示，希望中国能允许更多阿富汗农产品进入中国市场，因为扩大贸易比财政**援助**更能缓解人道主义危机。

10月31日，一批45吨重的阿富汗松子乘货机顺利发往上海，这是阿富汗塔利班夺权后，阿富汗首次对华出口货物。11月6日晚，电商主播李佳琦搭档央视记者王冰冰开启亚非产品专场，一晚上卖空12万罐阿富汗松子。

小小松子不仅给中国人民带来美味，还为阿富汗带来外汇收入，缓解当地大批农民的**生计**困难。中国说要帮助阿富汗重建，绝不只是说说而已。

斯里兰卡大使帕利塔·科霍纳在进博会期间直播推介家乡的锡兰红茶、黄金椰子等，他准备了很多产品介绍，可还没等他反应过来，"1、2、3"后货就没了，屁股都没坐热直播就结束了。

大使们"秒空"式带货让世界感受到中国市场消费升级的巨大潜力。来自海外的诸多高质量产品和服务不仅更好地满足了中国消费升级的需求，还激发了中国消费市场的增长**潜能**。直播电商作为创新的商业模式在中国实现爆发式增长，销售规模在网络零售中的占比不断攀升。

5G、智慧物流、大数据正在催生新平台、新业态、新模式，为中国消费驱动增长提供坚实支撑，也为世界经济**复苏**注入强劲动力。如今的中国承担着"世界工厂"和"世界市场"双重角色，每年进口商品和服务约2.5万亿美元，连续十余年成为世界经济增长的第一引擎。

开放合作既是推动世界经济稳定复苏的现实要求，更是促进人类社会不断进步的时代呼唤。驻华大使直播带货这个小小窗口可以让世界感受中国市场的潜力与**活力**，**领略**中国人的开放胸襟，感知一个生动立体的魅力中国。携手前行，中国与世界各国必将共创一个更加美好的明天。

（本文来源：《还没组织好语言就卖光了！外国驻华大使直播带货，整蒙圈了》，澎湃新闻，http://m.thepaper.cn/baijiahao_15675195，2021年12月3日）

关键词汇

热议 rèyì 对某个话题或事件进行广泛讨论。
例句：这个议题引起了社会各界的热议。

推销 tuīxiāo 通过各种方式向顾客介绍和推荐产品或服务，以促进销售。
例句：这家店的服务员非常热情地向我推销了他们的新产品。

代言 dàiyán 为某个品牌或产品进行宣传，以代表其形象和特点。
例句：他是一位著名的演员，经常代言各种时尚品牌。

秒空 miǎokōng 某件商品在极短的时间内就被抢购一空，即售罄。
例句：这款限量版球鞋一经发售就秒空了。

忐忑 tǎntè 心情不安、紧张、担忧的状态。

例句:他等待面试结果的时候感到非常忐忑。

滞销 zhìxiāo 市场上的产品因为某些原因不受消费者欢迎而导致销售速度极慢。

例句:某些产品可能会由于质量、价格、包装等原因而滞销。

兼职 jiānzhí 除了正式工作之外,还从事其他工作以赚取额外收入。

例句:他每天下班之后兼职跑"滴滴"。①

援助 yuánzhù 提供帮助、支持或救济,以解决困难或危机。

例句:国际社会向受灾国家提供了紧急援助。

生计 shēngjì 维持生活所需的收入来源,包括工作、生意等。

例句:他靠打零工维持生计。

潜能 qiánnéng 人或事物本身具有但尚未发挥出来的能力、才能或潜力。

例句:这个孩子有很大的音乐潜能,只要好好培养,就很有可能成为一名优秀的音乐家。

复苏 fùsū 经济、社会、文化等方面在经历低谷后重新恢复生机和活力。

例句:经过多年的努力,这个城市的经济开始逐渐复苏。

活力 huólì 生命力、精力和热情等积极的状态或表现。

例句:她充满了活力和干劲。

领略 lǐnglüè 通过观察、体验或学习等方式来理解和感受某种事物。

例句:游览名胜古迹时,我们可以领略丰富的历史文化。

思考题

(1) 为何多国驻华大使纷纷进入直播间加入带货大潮?

(2) 为什么会出现文中描述的"秒空"的现象?

---

① "滴滴"是中国影响较大的一个移动出行平台,其业务包括出租车、专车、快车、顺风车、代驾等。兼职跑"滴滴",指工作之余做"滴滴"司机。

第三节　短视频："网红"营销模式

一、短视频是什么

短视频即短片视频，是一种互联网内容传播方式，一般指在互联网新媒体上传播的时长在 5 分钟以内的视频。随着移动终端的普及和网络的提速，短平快的大流量传播内容逐渐获得各大平台、粉丝和资本的青睐。

随着"网红"经济的出现，一批优质 UGC 内容制作者在视频行业逐渐崛起，微博、秒拍、快手、今日头条纷纷入局短视频行业，募集一批优秀的内容制作团队入驻。到了 2017 年，短视频行业竞争进入白热化阶段，内容制作者也偏向 PGC 化专业运作。

《中国网络视听发展研究报告（2024）》显示，截至 2023 年 12 月，中国网络视听用户规模达 10.74 亿人，网民使用率为 98.3%，网络视听"第一大互联网应用"地位愈加稳固。网络视听市场规模突破万亿元，包括长视频、短视频、直播、音频等领域在内，2023 年中国网络视听行业市场规模为 11 524.81 亿元。[①]

[①] 《〈中国网络视听发展研究报告（2024）〉发布：微短剧发展迅猛，主要短视频平台日均更新量近 8 000 万》，新黄河客户端，https：//baijiahao. baidu. com/s？ id＝1794669331366169622&wfr＝spider&for＝pc，2024 年 3 月 27 日。

二、短视频的商务故事

1. 中国美食征服世界

导读:能把中餐带到世界的不一定是中国人,也可能是一位热爱中国菜的外国人,来看看这位"洋大厨"是怎样把中国美食带到全世界的吧!

"洋大厨"的"网红"之路

他是在大洋彼岸探索中国美食的"洋大厨",煎炸烹煮样样**拿手**,比中国人还专业,短短一年多的时间,收获近两千万粉丝,他究竟是如何掌握**流量密码**的呢?今天就给大家介绍一下这位"洋大厨"克里斯,克里斯从小在挪威的一个小镇长大,本科期间在中国香港做交换生,在学习了一年中文后,便迷上了中国文化。在学习期间,克里斯明显感受到中西方文化的差异,所以在很早的时候他就想拍短视频,让更多人看到文化背景的不同会产生怎样的碰撞。后来他遇到了一个中国小伙,两个人**一拍即合**,开始共同**运营**账号"老外克里斯",视频中分享了**纯正**"老外"家庭探索中国文化的道路。一个个**妙趣横生**的小故事,让中国文化和北欧民间日常通过网络"擦出"**跨文化交流**的奇妙火花。

目前克里斯的视频并没有专业团队参与录制,都是他和他的中国合伙人分工合作完成的,克里斯充当男主角和摄像师,其合伙人负责**剪辑**和运营。在克里斯的视频中,我们能看到各式各样有中国特色的美食,拔丝香蕉、螺蛳粉、红烧猪蹄……中国"核心技术"面食更是随手安排,饺子、煎饼、麻辣小面、拉面,各种炒菜不在话下。其实,视频中很多菜都是克里斯第一次制作,想要吃什么,他会到网上找一些视频进行学习。有时一顿饭也需要很长时间,但每次制作成功会让克里斯十分开心,尤其是来自中国朋友的鼓励让他充满动力。克里斯的家里有三个孩子,克里斯是大哥,还有一个弟弟和一个妹妹。在他的带动下,全家的中文也说得越来越地道,而家人们第一次看到中国美食和尝试美食的表情也是一绝。

第一次见到豆芽的克里斯爸爸，还以为是菜上长毛了。随着**小心翼翼**地品尝，**嫌弃**的表情也变成**不可思议**。烤箱坏了想吃比萨怎么办？让你尝尝比萨它姥姥，也就是馅饼。吃皮蛋吃出了中毒的感觉。他们也不知道为什么，老婆饼为什么没有老婆？为什么要吃带口水的口水鸡？为什么要吃带蚂蚁的蚂蚁上树？最爱看他们一家"没见过世面"又搞笑逗趣的表情。网友们也是纷纷**调侃**，感觉这一家说着中文吃着中餐的北欧老爷们，都不像是"老外"了。克里斯的努力也有着喜人的成果，一年多时间里疯狂涨粉近 2 000 万。他的视频个个都是爆款，点赞量更是高达上百万，足以证明网友对克里斯一家人的喜爱。

除了中国美食，克里斯还把中国民间活动带到了北欧，比如带着全家跳广场舞、打太极，或者抬一张餐桌打乒乓球。最绝的就是，在挪威种起了地，**自给自足**种蔬菜吃，可以说克里斯充分**发扬**了中国劳动人民的优良传统。

（本文来源：《"老外"克里斯：让中国味道漂洋过海在北欧崛起，"洋大厨"爆红网络》，网易，https：//www. 163. com/dy/article/GFQu6QD405528POR. html，2021 年 7 月 26 日）

关键词汇

拿手 náshǒu 擅长、精通或善于做某件事情。
> 例句：他喜欢制作各种拿手好菜。

流量密码 liúliàng mìmǎ 在网络创作平台和社交平台上采用一定的选题、舆论方向获得大量流量的行为。
> 例句："网红"们很懂得抓住当前的流量密码，进行自我宣传。

一拍即合 yìpāijíhé 双方意见或行动一致，很容易达成共识或合作。
> 例句：我们两个人的想法非常一致，可以说是一拍即合。

运营 yùnyíng 对一个企业、组织或项目的管理和运作，包括市场推广、客户服务、财务管理等方面。
> 例句：这家公司的运营非常高效，每个部门都协作得很好。

纯正 chúnzhèng 纯粹、真实、不掺杂杂质的品质或特点。
> 例句：这款红酒口感纯正，没有任何异味。

妙趣横生 miàoqùhéngshēng 有趣或引人发笑的情境或事物。

例句：这档节目妙趣横生，让观众笑声不断。

跨文化交流　kuàwénhuà jiāoliú　不同文化背景的人之间的交流和互动。

例句：在全球化时代，跨文化交流变得越来越重要。

剪辑　jiǎnjí　将音频或视频等素材进行剪切、拼接和编辑，以达到最终的呈现效果。

例句：这个视频的剪辑非常精良，每个镜头都很有节奏感。

小心翼翼　xiǎoxīnyìyì　非常小心谨慎地处理事情。

例句：她小心翼翼地将花瓶搬进了房间。

嫌弃　xiánqì　对某人或某物感到不满、厌恶或讨厌。

例句：一个人最不应该的态度，就是嫌弃自己。

不可思议　bùkěsīyì　超出人类认知或理解能力的事情，令人难以相信。

例句：他竟然在一天之内完成了整个项目，真是不可思议！

调侃　tiáokǎn　以幽默、讽刺或嘲笑的方式对某人或某事进行评论或表达。

例句：他经常调侃同事的穿着打扮。

自给自足　zìjǐzìzú　能够自己生产、制造或提供所需的物品和服务，不需要依赖外部资源。

例句：这个村庄的人们能够自给自足，他们种植蔬菜、养殖家禽和制作自己的家具。

发扬　fāyáng　发展和提倡（优良作风、传统等）。

例句：我们应该发扬民族精神，传承中华优秀传统文化。

思考题

（1）克里斯是如何走红，成为一名"网红"的？

（2）克里斯是哪国人？他在自己的家乡是如何制作各种中国美食的？

2. 外国"网红"与中国的缘分

美国人在中国的"网红"生活

中国的网络平台上活跃着许多外国"网红",他们通过网络结缘中国文化,也通过互联网见证着这片东方热土的发展变迁,更向世界展示着这里的真实面貌。定居在美丽山城重庆的美国人本·布朗就是其中之一。接下来,我们来看看这个美国人"遇见中国"的故事:"大家好,我正在重庆吃火锅,这是'咔咔角角'火锅,字面意思就是街边馆子,火锅是这里的特色美食,用超级辣的牛油锅底,涮各种**神奇**的食材……不知道为什么这么好吃的东西还没有在美国流行起来……"

在中国某网络社交平台上,美国"网红""笨先生"的新一期短视频作品刚刚上线:**热气腾腾**的火锅路边摊前,操着一口地道重庆方言的本·布朗向网友热情介绍着红油火锅的特色做法和各种神秘菜品,短短几分钟,**点击**阅读量已突破一万……

来自美国明尼苏达州的本·布朗在重庆生活了 26 年,自称是地道的"重庆土著",他爱开玩笑、爱吃火锅,在中国日渐火热的网络平台上介绍重庆美食与文化,如今已是小有名气:"这座城市的美食文化以火锅为主,我很喜欢这种文化。我就想可以用短视频平台来多一点宣传重庆特色的美食,宣传重庆给本地人和外地人。另外一个目标就是宣传重庆给外国人。我觉得(重庆)在整个中国来说越来越出名,特别是短视频刚刚开始火的时候,重庆也跟着它一起火了。"

除了令人着迷的美食文化,本·布朗还就近取材,将身边的生活趣事**集结**成小视频,以一段段**生动诙谐**的"脱口秀",向他的外国"老乡"讲述发生在普通中国人生活中的点滴。在他的短视频作品中,一段有关"代驾"的故事就深得外国网友的**追捧**:"去年有一次一个美国朋友来看我,很久没见面了,我们喝得有点多,走的时候我叫了代驾,我朋友就很疑惑,我解释说他是专门来开车送我们回家的,我朋友很惊讶地说'哇!这好方便啊!'我回答,'这有什么,这是中国,就是这么方便。'"

曾在重庆做过英语老师、开过酒吧的本·布朗告诉记者,在系列视频**走红**网络之后,自己已是小有名气的"网红",每天都有"粉丝"**慕名**前来跟他打招呼或者合影。

如今,中国的线上交易、电子商务、远程医疗、在线娱乐等数字经济新业态和新模式蓬勃发展。在本·布朗眼中,网络和其所代表的数字经济正在成为推动中国高速前进的新引擎。"网络现在是最大的机会,而且网络也一直在变化,我也没想到会那么火，我就很好奇，看下一个步骤是什么，会有怎么样的发展。"

本·布朗在中国还收获了爱情并开花结果，中国重庆已经俨然是他的第二个家。本·布朗说，他很乐于继续用自己的镜头，用亲身的体验向世界介绍重庆、介绍中国："如果我们以后可以有机会在海外社交平台上也发视频，在国外特别是在我老家（美国）好好宣传重庆，那就可以吸引更多的人到我最喜欢的那些火锅店、串串店来吃面。"

（本文来源：《美国"网红""笨先生"的中国缘》，国际在线，https：//baijiahao. daidu. com/s？ id＝1721921467256383621&wfr＝spider&for＝pc，2022 年 1 月 14 日）

关键词汇

神奇　shénqí　非常不可思议、令人惊异的。

例句：这个地方的自然风光真是神奇，让人感到无比震撼。

热气腾腾　rèqìténgténg　形容食物非常热，冒着热气。

例句：刚煮好的面条热气腾腾，散发着诱人的香味。

点击　diǎnjī　通过鼠标或触摸屏等方式选择、激活或操作某个项目或功能。

例句：我们需要点击这个按钮才能开始使用这个软件。

集结　jíjié　把分散的人或物聚集到一起，组成一个整体。

例句：军队在营地集结，准备出发执行任务。

生动诙谐　shēngdòng huīxié　形象生动、幽默风趣。

例句：他说话生动诙谐，总能逗得大家哈哈大笑。

追捧　zhuīpěng　对某人、物或事情高度关注和喜爱，对其表现出极高的兴趣和热情。

例句：这位明星备受追捧，粉丝无数。

走红　zǒuhóng　某个人或某种事物因为受到大众的喜爱和关注而变得非常流行和受欢迎。

例句：这个歌手的新歌一经发行就迅速在整个音乐圈走红。

慕名　mùmíng　对某人或某事的名声、声望等感到钦佩和向往，因而想要去认识或了解他们。

例句：我慕名而来，想见一见这位著名作家。

俨然 yǎnrán　形容很像；整齐的样子；庄严的样子。

例句：他那个派头，俨然整个地区首屈一指的人物。

亲身 qīnshēn　自己亲身经历或亲自体验。

例句：他通过亲身实践，掌握了这门技艺。

思考题

（1）"笨先生"是如何成为一名"网红"的？

（2）如果想成为像"笨先生"一样的"网红"，应该怎么做？

第三章

商务生活

"一带一路" 新方式

时代更替的速度总是超乎想象，比如我们在不知不觉中就进入了无现金社会。2020 年，中国国内的 ATM 机数量收缩超 8 万台，随处可见的"刷脸""扫一扫"支付已经取代了传统的支付方式。无现金社会中，一部手机就可以让人们的出行畅通无阻。无现金社会也让外国友人体验到了在中国生活工作的便利，他们眼中的无现金支付不仅为他们带来了便利，还是一件神奇的事情。

"无人配送"服务是美团外卖在 2020 年 1 月 26 日首先在中国湖北武汉推出的，随后这种特殊的配送模式在物流行业内迅速兴起。"无人配送"是为了满足物流企业供给和客户需求实现双赢的表现形式，提供了全新的社会经济新模式，为物流企业打造了新的运营方式，打开了新的发展空间。

交通出行是碳排放的主要领域，在"双碳"的目标下，新能源汽车逐步走进大众视野，新能源汽车作为绿色生活的一种主流方式，一举成为极具发展前景的行业。中国践行绿色生活和出行理念，自主研发的新能源汽车不仅在国内销量持续攀升，在海外市场也备受欢迎。

第一节　无现金社会："刷脸""扫一扫"

一、无现金社会是什么

无现金社会是指以非现金支付方式取代现金支付，使刷卡支付、移动支付等"无现金"支付方式成为主流支付方式的社会。无现金支付具有高效、便捷的特点。"无现金"不是"消灭现金"，而是让支付不再受现金的约束，人们只需要带着手机，不带现金也能畅通无阻。

无现金社会是社会未来的方向。以支付宝为例，无现金社会意味着更方便（吃喝玩乐行、政务金融医疗）、更安全（没有假币问题，不怕丢钱包，减少抢夺偷盗犯罪）、更高效（少排队、不用点钞，加速经贸资金流转，社会信用体系更完善）、更普惠（信用将等于财富，只要个人信用良好，就能获得公平金融和公共服务）、更环保（节约货币制作成本，减少碳排放，减少货币交易中的细菌传播机会）。

无现金社会中，不但支付可以瞬间完成，而且每一次日常消费都能为自己积累更多信用，并能将这些信用转化为财富，享受到更好的金融服务和公共服务。换言之，在支付时，"现金"或"移动支付"的选择权在自己，而不是在商家。

二、无现金社会的商务故事

1. 中国率先进入无现金社会

导读：在今天的中国，人们只需要一部手机就可以完成日常生活的衣食住行，在中国生活的"老外"们是如何评价当代中国这样的"无现金社会"的呢？

让"老外"震惊的无现金社会

一项对来自"一带一路"沿线 20 国青年的调查，评选出了中国的"新四大发明"：高铁、支付宝、**共享单车**和网购。"刚上高铁，感觉还没坐稳就到了。""连卖煎饼的大妈都有支付宝。""运营范围内随时都能骑，停在哪都可以，大家都能用，真是了不起的发明。""网购实在太方便了。"中国人生活中的**习以为常**，让外国人大呼神奇。

7 月 30 日 22：03 电视节目《对话》之"当外国人遇到中国创新"，聚齐了一群对中国的一切都很有好奇心的外国青年们，他们和中国"新四大发明"背后的大咖在现场会碰撞出怎样的火花？

阿福是在中国生活的德国人，在他的眼里，中德在支付方面的**差距**到底有多大？阿福在节目现场给出了他的看法，在德国他早上出门要打车，**结账**的时候是十二块五毛五分，然后去买一块面包，一块两毛九分，而且在德国很多地方，信用卡、储蓄卡都不接受，更不用说移动支付。"但是如果在中国，早上骑个共享单车，开锁是用手机，支付也是用手机，去路边摊买个煎饼也是用手机，叫外卖是用手机支付，基本上所有东西都可以用手机来解决。"

在节目现场，阿福很**感慨**，他表示，德国是时候向中国学习了。"其实有很多中国朋友，他们觉得德国的汽车很好，德国的工业 4.0 也很发达，德国的帅哥都很帅，而且德国人很**严谨**，很有**毅力**，我觉得这些确实是很值得中国学习的地方。但是，现在更是德国应该向中国学习的时候。因为到中国以后，我发现无现金社会不是未来，而是现在。"

谈起给总理写信，阿福回忆说，那是去年 G20 峰会前，当时他从上海去杭州一天都没有带现金，就拍了一个视频给大家看。"其实对外国人来说，这是很神奇的，无论你在旅途上遇到什么问题，都可以用你的手机解决。当时发了这个之后，很多网友说这个真的很**赞**。今年 G20 峰会时，我想其实我可以写一封信给我们国家总理默克尔，真的很希望我们可以互相学习。移动支付这方面真的是很值得学习。我写了一封信和她说，希望在她的推动下，未来我们也可以迎接一个更安全、更方便的德国。但是，我知道德国人的速度和中国人完全不一样。所以，这个肯定会比中国慢一些。但是，我还是希望可以得到中国人的帮助，在德国也推动无现金的社会。"

[本文来源：《德国小伙儿写信给默克尔总理：无现金的中国太"惊人"!》（节选），央视网，http：//tv.cctv.com/2017/07/31/ARTIiUfvXGIHO5H3e71chclb170731.shtml，2017年7月31日]

关键词汇

共享单车　gòngxiǎng dānchē　通过手机应用程序借用的一种短途代步工具，通常以自行车的形式出现。

　　例句：在城市里骑共享单车非常方便，可以快速到达目的地。

习以为常　xíyǐwéicháng　对某种事情或现象变得非常熟悉和感到习惯，不再感到惊奇或意外。

　　例句：在这个城市生活了多年，我已经对这里的气候和生活方式习以为常了。

差距　chājù　两个事物之间的差异或差别。

　　例句：这两个人的能力差距很大，一个很强，一个很弱。

结账　jiézhàng　结算购物或消费的款项。

　　例句：我们在商场里选购了很多东西，现在要去结账了。

感慨　gǎnkǎi　有所感触而慨叹。

　　例句：看到这个孩子勇敢地面对病魔，我不禁感慨生命的脆弱和珍贵。

严谨　yánjǐn　非常谨慎和认真，不容许有任何错误或疏漏。

　　例句：科学研究需要严谨的态度和方法，不能有丝毫马虎。

毅力　yìlì　坚韧不拔、毫不动摇地追求目标的精神和能力。

　　例句：他的毅力非常强，不管遇到什么困难都能坚持下来。

赞　zàn　通常用于表示赞美、称赞或者赞同。

　　例句：他的表演真的很赞。

思考题

（1）无现金社会有什么优点，有没有什么弊端？

（2）目前在中国生活，现金和手机哪个是必不可少的？

2. 移动支付时代已经到来

导读： 不带钱包，只靠一部手机就可以无忧无虑地在中国生活，这样的未来场面已经出现，让我们看看"老外"在中国的无现金体验是怎样的。

"老外"在中国体验中国"新四大发明"

中国古有"四大发明"——指南针、印刷术、造纸术和火药，今有"新四大发明"——支付宝、高铁、网购和共享单车。当一群"没带钱"的"老外"遇上中国的"新四大发明"，会发生怎样的趣事呢？《非正式会谈》常驻代表钟逸伦、小波波和吴雨翔给粉丝们带来了一场说走就走的"**穷游**"直播活动。

在使用"无现金支付"用完早饭后，三位代表便使用手机里的"滴滴"打车软件呼叫了一辆专车前往北京南站，乘坐去往天津的高铁，感受了一把35分钟穿越京津的"中国速度"。在北京到天津的高铁"复兴号"上，Wi-Fi 网络全**覆盖**，220V 的电源插座，满足了**全程**直播的必要条件。

下高铁后，吃货代表们便"一键叫车"，奔向了天津网传最著名的煎饼馃子店。看到了热气腾腾的煎饼馃子，钟逸伦和小波波立马跑去用支付宝付款，购买了他们**垂涎已久**的小吃，边吃还边与线上粉丝进行**互动**，连连**称赞**"又好吃又暖和"。从"滴滴"打车到购买小店的煎饼馃子，直接通过支付宝完成付款。小波波**感叹**中国的"新四大发明"中，支付宝真的非常方便，他现在出门基本不用现金。

吃饱后，代表们驱车前往天津之眼摩天轮。"非正"新晋音乐才子钟逸伦在摩天轮下"放飞自我"，拿出吉他，边弹边唱《告白气球》、Yours 等一众**脍炙人口**的歌曲。拥有意大利和阿根廷双国籍的新代表小波波则斜坐在钟逸伦身后，手轻搭在钟逸伦身上，让众"非粉"不禁直呼："这画面太美太浪漫！"

　　天津之眼下，海河波光旁，一排排共享单车静立岸边。两人随手又开启了两辆共享单车，伴着夕阳，在河岸边<u>追逐</u>竞赛。

　　"新四大发明"的出现，<u>**潜移默化**</u>地改变着中国人的生活方式。"出门购物不带钱，上车扫码不投币"的日常操作，也渐渐开始影响着外国友人的生活习惯。便捷的生活服务让小波波直呼："在中国生活实在太方便！"钟逸伦还说到，中国还有很多像"新四大发明"这样具有"中国特色"的科技。他透露，自己在平时的生活中也会经常用手机软件点外卖，去超市时也用无现金支付。他还将支付宝与美国的 Apple Pay 作对比，认为"两款软件实质上没有太大差别，但 Apple Pay 却无法像支付宝那样很好地融入社会"。

　　(本文来源：《〈非正式会谈〉："老外"无现金体验中国"新四大发明"》，网易，https：//www.163.com/ent/article/D532379U00038793.html，2017 年 12 月 7 日)

关键词汇

穷游　qióngyóu　以低廉的费用、简单的行程、朴素的住宿等方式进行的旅行。

　　例句：我选择穷游的方式，去了很多美丽的地方，但同时也遇到了很多困难和挑战。

覆盖　fùgài　遮盖、掩盖，使某物不再显露出来。

　　例句：树叶覆盖了整个小路。

全程　quánchéng　某件事情或某个活动的整个过程，包括起点到终点的所有阶段和环节。

　　例句：我们将提供全程指导，确保您能够顺利完成这个项目。

垂涎已久　chuíxiányǐjiǔ　因为想吃而流了很久的口水，比喻看到好东西总想得到，已经很长时间。

　　例句：他一直盯着那个蛋糕，看上去垂涎已久了。

互动　hùdòng　互相交流、互相影响、共同作用等。

　　例句：在这场讲座中，观众和演讲人之间进行了积极的互动，使得讲座更加生动有趣。

称赞　chēngzàn　表扬、赞美。

　　例句：老师常常称赞我们的努力和进步。

感叹　gǎntàn　惊叹、感慨、叹息等情感。

　　例句：看到这么美的风景，我不禁感叹大自然的伟大和神奇。

脍炙人口　kuàizhìrénkǒu　好的诗文或事物为众人所称赞，就像切细的烤肉人人都爱吃一样。

　　例句：这部小说雅俗共赏，脍炙人口。

追逐　zhuīzhú　追赶、追求。

　　例句：小狗看到主人拿出了球，便高兴地开始追逐起来。

潜移默化　qiányímòhuà　人的思想或性格不知不觉受到感染、影响而发生了变化。

　　例句：父母的一言一行都会对孩子产生潜移默化的影响。

思考题

（1）中国的"新四大发明"是什么？

（2）中国的"新四大发明"怎样改变着人们的生活？

第二节　无人配送：打破物流"最后一公里"

一、无人配送是什么

2024 年 4 月，工信部等四部门联合印发《通用航空装备创新应用实施方案（2024—2030 年）》，提出 2027 年城市空运、物流配送实现商业应用，2030 年支撑和保障"干—支—末"无人机配送网络安全高效运营。全链条无人机配送网络有望进一步提升物流配送效率，降低配送成本，释放低空经济在物流配送方面的应用潜力。

在低空经济蓬勃发展的背景下，无人机配送已经成为商业应用中最具潜力和前景的场景之一。相较于传统的地面配送方式，无人机配送不仅更加高效便捷，还能大幅节约人力成本并减少交通拥堵等安全隐患。当前，京东、美团、顺丰等企业已将无人机配送纳入其配送系统，利用无人机具备的垂直起降能力和空中悬停能力，自主识别物体并进行精准配送。随着技术的飞速发展，无人机配送已经从概念试点阶段跃升至大规模商业化前夕，有望在未来突破传统的"最后一公里"配送模式。[①]

二、无人配送的商务故事

1. 低空物流：开启全面商业化时代

导读：无人机配送开启了低空物流的全面商业化时代。无人机如何进行精准投喂，

[①]《无人机配送，低空物流开启全面商业化时代》，腾讯网，https://new.qq.com/rain/a/20240404A06FBR00，2024 年 4 月 4 日。

如何确保安全，可能是每一个人都更为关心的话题。

这单外卖，无人机送

2024年5月18日，在江西省上饶市万力时代商场指定泊位上，一架载着汉堡、咖啡的无人机升空。10分钟后，无人机平稳降落在江西师范大学数字产业学院广场，收货人张维取到自己点的外卖。这是江西省正式开通的首条商业级无人机配送航线。

随着低空经济加速"起飞"，全国多地开通无人机配送航线，无人机送外卖逐渐成为日常生活场景。数据显示，美团无人机目前已在上海、深圳等城市落地28条航线，累计完成订单数超25万单。

尝鲜"空投美食"

游景区、逛公园时，怎样才能享受更多美食？点一份外卖、让无人机配送，正在成为越来越多人的选择。

4月30日，深圳市属公园首条无人机配送航线在深圳中心公园正式启用。航线以深业上城**商圈**为起点，将奶茶、汉堡等超千种商品空投至2公里外的深圳中心公园内。市民游客在手机上下单，看到"无人机已接单"的提示语后，便可静待外卖"从天而降"，无人机配送费与普通订单配送费相同。

接到用户下单后，工作人员前往商家取货并送至起飞机场，无人机装载货品后按照后台系统规划的航线，将货品送至目的地的智能空投柜，用户通过手机扫码打开空投柜的格口取货。

深圳市民张女士一家周末经常到中心公园露营，准备一家人的食物是一件费时费力的事。"我也尝试过点外卖，可是取餐太麻烦了。"张女士说。过去，市民游客在公园下单外卖，因公园景点分散、园内配送依靠外卖员步行，普遍存在定位难、配送慢的问题。对于一些封闭的公园、景区，外卖员无法进去，用户只能自行前往公园、景区出入口取餐。张女士尝鲜无人机送外卖后说："只需走到公园内的空投柜取餐即可，很方便！"

无人机送外卖正成为景区吸引游客的新方式。吉林省长白山景区上线"无人机外卖**专享**套餐"，套餐包含酒店客房一晚、无人机配送的双人外卖套餐以及度假区的相关玩乐项目。北京市延庆区正推动景区物流场景向无人机开放，延庆区科委副主任陈昕表示，不久后，游客登上八达岭长城，将可以喝到由无人机配送的咖啡外卖。5月1日，安徽省合肥市无人机物流配送航线开通，游客在合肥滨湖国家森林公园、岸上草原等景点可体验"空投美食"服务。

如今，无人机送外卖服务已覆盖景区、公园、校园、办公区等多种场景。京东物流相关负责人表示，随着低空服务基础设施建设逐渐到位，无人机配送单均运输成本将快速**摊薄**，形成成熟的商业模式。

缓解配送压力

无人机送外卖提高了商圈的即时配送能力，减轻了区域订单配送压力，受到商户普遍欢迎。

2023年12月，美团无人机团队在上海市五角场商圈开辟了上海中心城区首条低空物流配送航线。无人机作为区域内运力的重要补充，配合外卖员完成日常配送工作。3公里半径内的外卖，配送时间一般不超过15分钟。

"在美团无人机配送服务范围和运营时段内，用户下单无人机可配送商品时，后台智能调度系统根据实时订单情况进行分析测算，将配送难度高或对时效要求高的订单分派给无人机完成。"美团无人机运营负责人表示，无人机与骑手协同工作的模式能更好缓解交通拥堵时的订单配送压力。

小杨**生煎**是五角场商圈首批接入无人机配送的餐饮商户。小杨生煎合生汇店店长范小娇说："配送时间长短直接影响生煎的口感。无人机可以快速将生煎送到客人手中，口感会更好。"

无人机送外卖明显提升了即时配送效率。数据显示，2023年，美团无人机平均配送时长约为20分钟，较传统配送模式提效近四成。

无人机配送服务还给商圈带来发展新契机。近日，深圳龙华壹方天地商圈开通无人机送外卖服务。壹方天地商圈内约20家知名品牌的商品打包后，最快5分钟就能送到指定降落点。此次接入无人机配送服务的商户中，不少是全国知名品牌在华南地区开设的"首店"，希望探索"低空经济＋首店经济"新模式。"无人机配送服务将为实体店带来新的**利润**增长点和竞争力。"壹方天地的相关负责人表示。

多重安全保障

无人机送外卖需飞越繁华市区，如何确保安全？

2024 年 1 月 1 日起，《无人驾驶航空器飞行管理暂行条例》正式施行，加强对民用无人驾驶航空器及操控员的管理，规范空域划设和飞行活动，强化监督管理和应急处置等。中国民航局有关负责人介绍："民航局已初步建立通用航空标准法规体系，批复多个领域通航改革试点，覆盖 80% 以上省份，发布无人驾驶航空领域规范性文件十多项。"

近年来，大疆、丰翼科技、美团等企业在无人机配送安全性方面进行了一系列技术创新。大疆运载无人机 FlyCart 30，借助 AR（增强现实）投射功能，实现精准投放货物；丰翼 ARK 40 无人机配备了高精度自动降落和避障系统；美团第四代无人机可在 −20℃~50℃ 环境中以及中雨、中雪、6 级风等天气状况下稳定飞行。

5 月 18 日，福建省首条城市无人机物流航线在福州高新区开通，不久后市民将体验无人机送外卖服务。负责航线运营的浙江杭州迅蚁科技有限公司负责人表示，无人机在设计上采取了增加备用系统的方式，以增强安全性。比如，动力系统冗余，任一电机、桨叶失效仍可保持飞行；能源系统冗余，双电池并联，任一电池失效仍可保持飞行；控制系统冗余，主控或任一飞控失效仍可保持飞行。

2024 年成都世界园艺博览会在主会场设置了 5 条无人机配送航线，在蓉城时光街、天府人居馆、魔法森林等场馆设置 8 个站点。无人机配送运营商、四川翔彭智航科技有限公司副总经理刘续红介绍，每个站点均配备了安全保障员，对无人机进行安全检查。无人机起飞前，安全保障员需要向后台控制中心提供 3 张实时拍摄的照片。经后台控制中心确认安全状态后，无人机才能起飞。

[本文来源：《这单外卖，无人机送》，《人民日报》（海外版），http：//paper.people.com.cn/rmrbhwb/html/2024−05/24/content_26059645.htm，2024 年 5 月 24 日]

关键词汇

商圈 shāngquān 商店以其所在地点为中心，沿着一定的方向和距离扩展，吸引顾客的范围。简单地说，就是来店顾客所居住的区域范围。

例句：在城市更新与消费提质升级的大趋势下，北京王府井商圈的整体面貌和其他项目也在悄然改变。

专享 zhuānxiǎng 独自掌握和享有。

例句：这项服务是会员专享的。

摊薄 tānbáo 原指由于增发新股等使得分摊到每一股的利润相应减少，这里指变少。

例句：在商业世界中，成本摊薄是一种常见的赚取利润的方式。

生煎 shēngjiān 又称生煎馒头，是中国的一种特色传统小吃。

例句：他早饭就吃了二两生煎。

利润 lìrùn 企业或单位在生产或经营过程中所获得的收益减去成本后所剩余的部分。

例句：由于公司采取了一系列降低成本的措施，其利润较去年同期有了明显的提高。

思考题

(1) 接到用户下单后，工作人员应该如何操作？

(2) 无人机送外卖需飞越繁华市区，如何确保安全？

2. 低空物流：新赛道、新生态、新探索

导读：低空物流领域已成为蓝海，各方都在加速抢滩无人机配送这一新赛道。围绕这一新领域，各方都在积极开展一些新的探索。

让"无人"配送火起来 加速抢滩"新赛道"

2024 年 4 月，自贡举行城市低空物流暨智慧医疗"低空生命线"开通仪式，计划开通 25 条航线，涉及 20 个医疗机构、6 个区县。这将使自贡成为全国首个低空医疗物流网络全覆盖的城市。

自贡"低空生命线"的开通，以及春节期间彭州无人机外卖爆火，让低空物流这种新方式走进大众视野。四川发展低空物流新业态还有哪些探索？面对新业态，如何化潜力为动力，抢占产业新高地？记者进行了调研走访。

在多个领域试验"无人"配送
发挥飞行器制造端优势，拓展未来低空物流的应用场景

在彭州白鹿镇的露营点，消费者通过手机小程序点咖啡，仅需十几分钟就能收货。这是四川翔彭智航科技有限公司与四川送吧物流科技有限公司携手打造的无人机外卖服务。这一服务上线首月，飞行突破1 000架次，目前已开通航线30条。

无人机外卖服务的火爆，让翔彭智航董事长周小明看到了市场潜力。除餐饮外卖这一应用场景，"空中巴士"正在为乡镇之间文件、物品的即时配送带来便利。周小明介绍："乡镇之间没有城市便捷的闪送服务，一些紧急文件、物品就可以通过无人机送往目的地。无人机按固定轨道飞行，不需要飞手操作，仅需统一的调度平台管理，就能实现真正的无人配送。"

不仅如此，四川还在松茸等高附加值农产品运输、山区基础设施建设物资运输、极端环境物资运输等领域开展低空物流试验，为丰富应用场景提供了宝贵经验。周小明认为，目前四川存在很多潜在的应用场景，比如区县之间、乡镇之间、乡镇与区县之间的支线、末线物流等，许多省外企业也表示愿意来川做试运营，寻找商业化推广的机会。

在承担低空物流运输任务的飞行器制造端，四川企业的比较优势日益凸显。据不完全统计，四川低空经济产业相关企业已有200余家，其中整机制造企业20余家，飞行器相关零件制造、信息技术服务等企业百余家。

"四川的禀赋优势就是飞行器制造企业特别多。可用于低空物流服务的中大型无人机，在制造成本、技术迭代升级等方面的成本都特别低，机型也很成熟，很适合承担未来低空物流中的应急医疗、特殊物资、支线物流等场景运输配送服务，吸引了湖南、新疆等地人士来考察。"四川垚磊科技有限公司总经理李图玖说。

抓住"窗口期"形成全套解决方案

尽快试验出更多应用潜力，跑通低空物流的商业模式

2024 年 3 月，工业和信息化部等四部门联合印发《通用航空装备创新应用实施方案（2024—2030 年）》。方案明确指出，到 2027 年，以无人化、电动化、智能化为技术特征的新型通用航空装备在城市空运、物流配送、应急救援等领域实现商业应用；到 2030 年，"干—支—末"无人机配送网络、满足工农作业需求的低空生产作业网络安全高效运行。

目前，低空物流领域是一片**蓝海**，以无人机为运行主体的低空物流是最有可能在 5 年内实现成熟应用的领域。李图玖告诉记者："低空物流从 2023 年下半年开始被'炒热'。平面的物流交通网变为立体，是从'二维'到'三维'的质变。一方面，它需要更加集约的统一管理来保障整体的运行安全；另一方面，它对于人们的生活习惯是一种颠覆，需要一定的时间来推广。我们迫切希望抓住窗口期，尽快试验出更多的应用场景、应用潜力，跑通商业模式，形成低空物流全套解决方案。"

低空物流的发展将对无人机产业链相关企业产生明显的拉动作用。成都大公博创信息技术有限公司深耕信号监测、无人机管控领域，公司销售总监谭飞向记者介绍，无人机信号监测和管控服务应用主要在公安、应急、能源三个领域。低空物流赛道火了之后，公司有了新机遇：在低空物流设施网、通信网、航路网、服务网的建设上，特别是无人机管理、运维等方面，都需要无人机监测管控技术做支撑。

周小明认为，无人机如果不能用于运营服务，整个产业链就无法实现闭环。作为彭州基地的运营方，他们现在意识到帮助无人机企业做商业运营非常重要，"无人机飞上天能够挣钱，这些企业才更愿意过来飞。我们现在就是给无人机制造企业提供试验场地，同时帮助他们找寻更多的商业场景"。

针对这一商业场景，杭州迅蚁网络科技有限公司在川注册成立了四川送吧物流科技有限公司，自贡日前开通的"低空生命线"就出自这家公司之手。"四川地处中国西南地区，山地、平原、丘陵等地貌并存，为低空物流的发展提供了非常多样的应用场景。同时，四川的地面交通运输网络发达，为低空物流提供了便捷的连接和转运条件。四川依托健全的电子信息产业，在低空物流行业相关**配套**设施建设、低空物流网络管理方面已经具备了足够潜力。"公司负责人介绍。

成立运营服务团队
把"造飞机"优势延伸到下游产业链，实现低空物流的本地化常态运营

在当前低空物流发展的快车道上，关键竞争点在于深度挖掘需求，尽快形成有效成熟的商业模式，在低空物流体系整体统筹谋划、体系建设等方面率先破局。

中国民航局第二研究所无人机智能交通技术中心主任张建平，在2024年西部低空经济产业生态大会上分享的2023年无人机飞行活动数据显示，成都目前批复的试飞空域占比不足杭州的三分之一，但成都的飞行小时数、飞行架次与杭州、深圳不相上下，活跃度较高。

当前，低空物流产业尚未成体系，商业化应用还处于初期，但各方都在"虎视眈眈"。深圳、上海几个城市试点起步较早、空域开放程度较高，美团、顺丰等物流巨头已开展常态化运营；支线物流领域，湖南、四川、浙江都有所尝试，其中，湖南的低空物流体系建设相对完善，在基础设施建设、平台建设等方面走在前列。

记者发现，湖南、新疆等地，以及合肥等城市，正在以空域开放和运营服务进行**招商引资**。"当前阶段的关键是探索怎么把飞机用起来。合肥的做法就是先做应用、先开放场景，为制造企业在当地的运营提供支持，以此逐步吸引企业在当地制造和研发。"李图玖说。

受访的无人机制造企业表示，目前，跑通下游产业链、形成完整的运行方案是当前低空物流体系建设的关键一环。他们愿意在原有的研发、制造团队基础上，成立运营服务团队，面向市场提供更广阔的低空物流运营服务。另外，低空物流规模化发展需要设施网、通信网、航路网、服务网这"四张网"的建设。谁来统筹"建网"、谁来负责"管网"等一系列问题，都需要深入思考、统筹规划、不断完善。由于涉及空域的管理和运行，就需要有关部门统一进行规划和管理。

当前，越来越多的四川企业正努力把"造飞机"的优势延伸到下游产业链中。因为制造端和运营端相结合能够促进产品的迭代更新，巩固和加强制造端优势。作为无人机制造企业的负责人，李图玖希望通过成立相应的运营部门，尽快在四川本地推广无人机物流配送。"实现低空物流的本地化常态运营，还可以促进产品迭代升级，完善产品矩阵，形成配套低空物流解决方案并进行推广。这是一举多得的事。"

他山石:成功发展低空物流,合肥做对了什么?

应用场景打造是推动低空物流商业化落地的关键,也是调研中受访企业频繁提到的诉求。目前,政府创造应用场景成为吸引企业入驻的重要条件。合肥将应用场景打造作为发展低空物流的重点方向,打造全国首个全空间低空场景示范区。合肥有哪些举措值得借鉴?

在低空物流这个新赛道里,合肥从无到有再到优主要有两个方面:一是抓住企业需要通过场景应用探索商业化这一本质诉求,政府创造应用场景,开放城市机会清单,吸引全社会优秀的低空物流企业,选取头部企业来运营。换言之,就是合肥先购买低空物流企业的飞行器,邀请企业到合肥来运营,先把飞行器用起来。后续用得好了,运营成效显著,再推动研发和制造的企业来跟进落地。合肥在无人机装备制造方面的基础其实不强,但是当地政府敢作为,愿意开放场景来做低空物流的运营和生态。二是在财政资源有限的情况下,为避免"撒胡椒面式"的财政浪费,集中资源重点打造出骆岗公园示范区。合肥在骆岗公园开展包括低空无人配送、物流等在内的应用示范建设,并面向企业开放合作需求清单,推动低空产品在此落地应用,进一步推进低空产品、应用场景、标准体系在实践中修正和优化。

合肥在场景搭建方面取得了显著成效,并吸引了众多优秀企业入驻。合肥政府对包括低空物流在内的低空产业一以贯之的支持和专业化的政府团队,是合肥低空物流走在前列的关键因素之一。

合肥对低空物流等新兴产业的嗅觉敏感度和服务企业的专业度,在国内非常具有代表性。合肥的招商精准度和对企业的赋能能力提升,离不开专业化的队伍。合肥已形成一套政府主导、企业参与、市场运营的团队组建模式。2022年合肥组建了全国首个城市场景创新促进机构——场景创新促进中心,聚力为产品找场景、为场景找产品,低空物流也是重点服务的方向。2023年,合肥又专门成立了市、区两级低空经济专班,帮助企业挖掘无人机应用场景、链接各方资源。

(本文来源:《让"无人"配送火起来 加速抢滩"新赛道"》,金台资讯,https:∥baijiahao.baidu.com/s? id = 1799168288713312129&wfr = spider&for = pc,2024年5月16日)

关键词汇

松茸　sōngróng　又名松口蘑，是一种珍贵的真菌，味道鲜美，营养丰富。

例句：松茸是珍贵的菌类，具有很高的营养价值与药用价值。

禀赋　bǐngfù　通常指人所具有的智力、体魄等素质、天赋。在经济学中，禀赋的概念被扩展至包括一个国家或地区的各种生产要素，如劳动力、资本、土地、技术、管理等，这些要素构成了一个国家或地区的资源禀赋。

例句：一个城市要发展，需要立足资源禀赋，发挥比较优势。

考察　kǎochá　去某个地方了解情况。

例句：下周咱们一起去那个地方考察。

蓝海　lánhǎi　在市场上尚未被充分开发和竞争的领域或行业，这片领域如同未被开垦的蓝海，因此得名。

例句：2024 年做什么蓝海项目能赚钱？

配套　pèitào　为某个系统、设备或项目配备相应的辅助设备、服务或措施。

例句：这个新开发的软件需要一个完善的用户手册和培训课程来配套，才能更好地为用户提供服务。

招商引资　zhāoshāng yǐnzī　吸引外部投资，促进经济发展。

例句：为了推动当地经济的发展，政府采取了一系列措施，其中一项重要的举措就是招商引资。

他山石　tāshānshí　"他山之石，可以攻玉"，比喻别人微不足道的经验，自己可以吸取过来并得到很大的帮助。

例句："他山之石，可以攻玉"，学个一招半招，今后都是很有益处的。

思考题

（1）中国四川省发展低空物流新业态有哪些探索？

（2）发展低空物流，中国安徽省合肥市采取了哪些措施？

第三节　绿色生活：新能源汽车

一、新能源汽车是什么

新能源汽车是指采用非常规的车用燃料作为动力来源（或使用常规的车用燃料，但采用新型车载动力装置），综合车辆的动力控制和驱动方面的先进技术，形成技术原理先进，具有新技术、新结构的汽车。

新能源汽车包括纯电动汽车、增程式电动汽车、混合动力汽车、燃料电池电动汽车、氢发动机汽车等。

根据公安部统计，截至 2023 年底，中国新能源汽车保有量达 2 041 万辆，其中纯电动汽车保有量 1 552 万辆，占比 76.04%。2023 年，中国新能源汽车产销分别完成 958.7 万辆和 949.5 万辆，同比分别增长 35.8% 和 37.9%，市场占有率达到 31.6%，高于上年同期 5.9%，连续 9 年位居全球第一。[①]

二、新能源汽车的商务故事

导读：近几年，比亚迪的电动汽车已经火遍海内外，"老外"们争先购买，这样的场面堪称一道亮丽的风景线。

---

① 《2023 年中国新能源汽车销售 949.5 万辆，市占率达 31.6%》，EV 世纪，https：//baijiahao.baidu.com/s？id=1787782548613360444&wfr=spider&for=pc，2024 年 1 月 11 日。

中国新能源的海外火爆之路

比亚迪上市的一款纯电动车海豚在国外的汽车网站上火了起来，一位德国网友表示，如果要买电动车我一定去**试驾**海豚，同时他还希望欧洲的电动车能争点气，不过这可能只是美好的**愿望**而已。

除德国网友外，还有美国、英国这些发达国家的网友，也都纷纷看好比亚迪海豚，并希望比亚迪海豚可以早日引进到欧洲售卖。

如今欧洲正在大量布局新能源汽车**领域**，然而欧美大部分都是传统车企，比如福特、大众，这些传统车企早已是**树大根深**，要想实现华丽转身谈何容易。就连奔驰这样的实力玩家，都需要与比亚迪合作来实现自身的技术升级，由此便能猜到"新能源汽车技术"看起来谁都能造，实则困难重重。

与欧洲"传统车企"比起来，如今的比亚迪具有两大明显**优势**。

首先是比亚迪的电池技术优势。众所周知，比亚迪是做新能源电池起家的，从1995 年创办开始就一直致力于"新能源电池技术"的深入研究。直到 2003 年，电池技术取得巨大成功后，比亚迪才开始进军汽车行业。可以说，这一路走来，比亚迪是一步一个脚印踏踏实实干起来的，因此比亚迪在新能源电池技术方面拥有绝对的行业**话语权**。

其次是比亚迪的供应链优势。比亚迪为了深入扎根汽车行业，从创立之初，董事长王传福便把汽车行业的各个重要环节牢牢把握住了。从最核心的电池系统创新研发到汽车零部件生产，再到最后的机械化整车装配，每个环节都没有落下，而这也为比亚迪的全球化竞争提供了强大的动力。

如今比亚迪的汽车已销往全球 100 多个国家，深受当地客户的追捧。2021 年初，比亚迪新能源汽车总销量已突破了 100 万辆大关，取得了显著的成绩，同时还首次登陆欧洲地区，第一家比亚迪欧洲 4S 店就开在了挪威首都奥斯陆。开业至今，每月的新能源汽车销量都在千辆以上，由此就能看出，比亚迪在新能源汽车领域的实力是非常优秀的。

如今，全球汽车行业正迎来一场全新的变革，即传统车企向新能源电动车企的转变。而在此次转型中，一众中国新能源车企无疑是最闪亮的。除比亚迪外，一大批中国新能源汽车正在快速布局全球市场。

来自中国的蔚来汽车，从 2021 年便开赴欧洲，第一家体验店同样是开设在新能源新兴市场——挪威。

据蔚来汽车董事长李斌透露，自蔚来首家 4S 店在挪威首都奥斯陆开业以来，几乎每天都会有大量的人前来参观咨询，而且这些欧洲客户似乎对新能源汽车异常感兴趣，很多客户试驾后都表示，将会在下次换车时优先考虑新能源汽车。如今，蔚来在挪威的上市车型已经与国内同步了，挪威的客户也能及时购买到蔚来的最新车型。

小鹏汽车，是除比亚迪、蔚来外第三家进入挪威的中国新能源车企，小鹏汽车主打年轻群体，其设计风格炫酷、内饰简约，一经推出便在挪威收获了众多粉丝。

挪威的许多年轻家长，如今都是小鹏汽车的铁粉，他们在周末接送孩子、日常出行或者短途旅行时都会选择驾驶小鹏汽车。由于挪威国土面积不大，小鹏汽车的 600 公里续航里程完全能够满足这些客户的日常出行需求，看来小鹏这回会在挪威大卖了。

除了欧洲外，东南亚与中东地区同样早已被中国一众新能源车企给**征服**了。

泰国一半以上的新能源出租车是清一色的比亚迪，政府部门出行的商务巴士有一百多辆都是比亚迪定制款，同时泰国的交通部门与各大企业都与比亚迪签订了长期的合作协议，以此来确保泰国绿色出行计划的顺利实施。

在中东地区，长城、红旗已成为当地的明星车型，红旗旗下的新能源车型 E – HS9 刚在迪拜上市就迎来大卖，就连迪拜王子办公室的人都在抢着订购红旗汽车，由此便能看到，中国新能源汽车已完全获得了国外客户的认可。

从比亚迪到蔚来、小鹏、红旗等一众中国优秀的汽车企业，如今早已不是当年的无名之辈，曾经一再被"老外"看不起的中国高端制造，现今已成为他们所追捧的对象。相信不久后，这些优秀的中国品牌还将继续带给我们更多的惊喜。

（本文来源：《比亚迪海豚火到欧美，"老外"期待早日引进，中国新能源在海外崛起》，科技时空记，https：//baijiahao. baidu. com/s？id = 1720836023172092422&wfr = spider&for = pc，2022 年 1 月 2 日）

关键词汇

试驾 shìjià　在购买汽车之前，先进行一次短暂的驾驶体验，了解车辆的性能、操控、舒适度等方面的情况，以便作出更明智的购车决策。

例句：在决定购买一辆新车之前，我决定先去 4S 店进行一次试驾，以便更好地了解这款车的性能和舒适度。

愿望 yuànwàng　心中所期盼的事情，希望实现的目标。

例句：我的愿望是成为一名优秀的医生，帮助更多的人解决健康问题。

领域 lǐngyù　某个专业、行业中所涉及的范围和内容。

例句：他在计算机领域有着深厚的技术功底，曾为多个知名公司开发过软件产品。

树大根深 shùdàgēnshēn　比喻事物的基础、根本非常牢固，不容易动摇。

例句：这家公司经过多年的发展，已经形成了树大根深的企业文化，员工们都非常忠诚和稳定。

优势 yōushì　某种事物相对于其他同类事物具有的比较明显、优越的特点或条件。

例句：这个团队的最大优势在于他们拥有丰富的经验和专业的技能，能够快速地解决问题并提高工作效率。

话语权 huàyǔquán　在某个领域、话题中具有发表意见、表达观点的权利和能力。

例句：在这个会议上，每个人都有平等的话语权，可以自由地发表自己的看法和建议。

征服 zhēngfú　通过战争、竞争或其他手段，使对方屈服或被控制。

例句：这位年轻的企业家征服了整个市场，成为行业的领导者。

思考题

(1) 新能源汽车的优势有哪些？

(2) 目前有哪些新能源汽车品牌已经成功进入欧洲市场？

第四章

商务故事

"一带一路" 新机遇

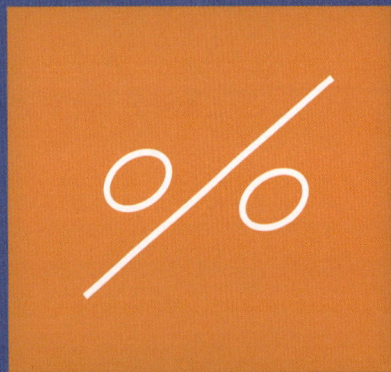

2013 年，中国提出共建"一带一路"倡议，为企业"出海"提供了丰富的机遇和广阔的平台。十多年来，中国企业"出海"也取得了不俗的成绩。2023年，中国对外非金融类直接投资 9 169.9 亿元，同比增长 16.7%。其中，在"一带一路"共建国家的非金融类直接投资 2 240.9 亿元，同比增长 28.4%。艾媒咨询数据显示，在已实施出海布局的中国企业中，中、小、微企业占比分别为 39.4%、17.5% 和 13.6%。

2023 年 11 月 24 日，"一带一路"建设工作领导小组办公室发布《坚定不移推进共建"一带一路"高质量发展走深走实的愿景与行动——共建"一带一路"未来十年发展展望》，提出未来十年共建"一带一路"总体构想，其中提到坚持"企业主体、市场运作、政府引导、国际规则"的协调推进原则，共同推动建设开放型世界经济，鼓励更多国家和企业深入参与共建"一带一路"；围绕政策沟通、设施联通、贸易畅通、资金融通、民心相通以及新领域等重点领域和方向，携手"一带一路"各国进行全方位多领域的互联互通。中国企业"出海"将迎来更多机遇。

越来越多中国企业正加速开启全球化进程，中国企业"出海"正从成本驱动转向技术驱动，高质量"出海"将成行业未来发展趋势。有专家提出，对中国企业来说，打造高质量"出海"，核心在技术创新，安全是发展基石，"人工智能＋"将赋能开辟国际市场的新蓝海。

第一节　中企基建：拓荒先行

一、"一带一路"与中国基建"出海"

在"一带一路"倡议框架下，中国帮助许多发展中国家建设了通信网络、港口、机场、高速公路、医院和学校等基础设施。雅万高铁、中老铁路、佩列沙茨大桥……一大批以中国标准建设的基础设施项目在海外加速落地，成为高质量共建"一带一路"的标志性工程。

二、中国企业海外基建的商务故事

导读：中国交通建设集团同吉赞省共同建设吉赞经济城，吉赞经济城是沙特"2030 愿景"改革计划重点建设的经济城之一。吉赞经济城的建成让其成为沙特阿拉伯红海沿岸经济发展的新动力，同时也成为吉赞脱贫之路上的主力军。

中企助力，吉赞脱贫

在沙特阿拉伯西南部有一个不发达的省份——吉赞，自 2013 年开始，距离吉赞省首府吉赞市城区 80 公里的红海边，正规划着占地 103 平方公里、海岸线长 11 公里、总投资 250 亿美元的吉赞经济城。中国交通建设集团（中交集团）的建设者们与经济城规划同步，**进驻**这片待**开垦**的沙漠之城，5 年间完成了近 9 亿美元的大型国际化项目，一座现代城市从沙漠里悄然**崛起**，讲述着中国人克服恶劣自然环境、**耕耘**"一带一路"的故事。

吉赞经济城集炼油、电厂、航运、行政区、生活区为一体，拟建一座日产40万桶标准油的炼油厂及配套电厂。电厂除向炼油厂供电外，还向腹地输送电力，缓解电力短缺问题。吉赞经济城的建设将成为沙特红海沿岸经济发展的新动力。

2013年8月，中国港湾中标吉赞经济城疏浚与回填项目，中交集团第四航务工程局（四航局）作为承建公司之一，成为进驻该城的首批**拓荒者**。

与如今施工现场热火朝天、柏油路面车辆络绎不绝的场景相比，首批踏上这片荒地的四航局建设者们所看到的只有"一片荒芜"：方圆20公里**寥无人烟**，**起伏跌宕**的只有沙丘。迎接他们的是美国大片中的沙尘暴：一年四季，这里黄沙**遮天蔽日**，转眼间，一堵十多米高的沙墙就迎面而来，仿佛要吞天噬地。久而久之，"四航人"也渐渐熟悉，淡定地调侃道："这就是沙特独特的风景！"

一位常驻沙特的外交官曾这样形容沙特："这是一个会让人哭两次的地方，第一次是在刚下飞机看到满目黄沙和单调的黑袍白袍时；第二次则是当你在沙特生活多年后，踏上返程的航班时。"

作为吉赞经济城的首批拓荒者，刚开始，"四航人"同样面临这样的焦虑和压力。他们征战"沙"场，迎着滚滚热浪，穿越沙漠，一天12小时，都处在沙漠迷宫里。

"我们要把从国内带出来的每一个中国人照顾好！这是四航沙特吉赞项目部领导班子身上的重任。"项目党总支书记兰志成对记者说。

不远万里来到**贫瘠**的沙漠，而当地文化**禁忌**颇多，加上繁重的施工任务，很多中外籍员工身心疲惫。

打造一个国际化生活营区是四航团队的首要任务。经过四航项目部的不断努力，在茫茫沙漠，一片"生活绿洲"在地图上格外显眼。这里能容下近2 500人居住，虽然是简易板房，但生活设施一应俱全。24小时不断电，物业服务周到细致。

营区共有宿舍687间，面积约10万平方米。宿舍、厕所、冲凉房、餐厅、洗衣房等一应俱全。篮球场、羽毛球场、板球场、台球室、乒乓球室等体育设施也相当完备。

为了满足来自不同国家员工的饮食习惯，营区建有10个厨房，其中包括中餐、巴基斯坦餐、斯里兰卡餐等，各合作队伍还能申请自己的食堂，以满足不同员工的饮食需求。营区内还有两个超市，员工不用出营区，就可满足各项生活需求。

在海外，员工最担心的是健康问题，因此解决就医问题是一项重要工作。四航项目部与当地医院合作，组建了一个医务室，取得了医疗许可，聘请当地医生、护士，并从国内聘请两名中国医生担任顾问，解决中国员工就医所需。

为解决中国员工与外籍医生的语言沟通障碍，项目部还特意制作了一套"就医指南"，所有英文就医常用语都翻译成中文，一一对应，患者不用说话，指着"就医指南"中的中文，就能让医生明白所有问题，给员工看病带来极大便利。营区还有一个特殊的"医疗室"——心理咨询室。在这个温馨的小屋内，有心理咨询师帮助疏解心理上出现波动的员工的情绪。

兰志成说，有一个中国的年轻小伙子，由于与国内女友出现感情问题，他情绪近乎崩溃。在经过心理咨询师开导后，他的心结打开了，开始接受现实，重新面对人生。

除了在硬件上为员工们尽可能提供优越的条件，项目部领导班子还通过举办丰富多彩的文化娱乐活动让员工们安心不想家：每周为中外籍员工播放电影；举行"庆国庆迎中秋企业文化节"等活动；组织员工开展电脑游戏、球类比赛；举办"吉赞好声音"歌唱比赛，为奋战在沙漠的同胞增添乐趣……

兰志成说，2017 年，项目部员工自编自导吉赞春节联欢晚会。各国友人争相登台表演，上千名项目建设者围坐在球场感受沙特的中国年味。

在巴基斯坦独立日、斯里兰卡新年等特殊日子里，项目部都组织别具风格的文化活动，让身在异乡的外籍员工感受到来自中国同事们的关心和温暖。

光阴荏苒，中交四航团队走进吉赞已经 5 年。这 5 年间，吉赞经济城人工岛从大海里一跃而起，中国围海造陆的"吹填沙袋＋栅栏板"技术标准首次走进中东；成功安装世界最大最长的高密度聚乙烯管道，两次挑战技术空白，让中国团队走在了世界柔性管道安装的制高点；整合国际资源，实现优势互补，成功实施吉赞取排水大型一体化项目；用中国技术和设备更快更好地建造了吉赞商业港码头。

这 5 年间，先后有 500 多名沙特大学生在中国交建的项目上工作，学习工程管理技术，迅速成长成才。

对于项目中的中国员工，四航团队采取传帮带的培养方式，让一些技术骨干脱颖而出，他们在历次沙特当地政府和业主组织的技术比武中获得佳绩。

以四航局为主体的建设单位，使中交集团在当地市场由一家陌生的中国公司，迅速成为沙特市场知名的外国品牌公司。项目业主——世界最大石油公司沙特阿美石油公司称四航局为吉赞经济城内最佳合作伙伴。该石油巨头希望与四航局为代表的中国公司保持长久合作。

（本文来源：《"一带一路"踏访记 | 吉赞经济城：中企在沙特征战"沙"场》，参考消息，https：//baijiahao. baidu. com/s？id＝1612554661579381761&wfr＝spider&for＝pc，2018 年 9 月 25 日）

关键词汇

进驻 jìnzhù　军队或其他组织进入某个地方进行驻扎或活动。

例句：为了开展工作，我们需要尽快进驻这个城市，了解当地的环境和资源情况。

开垦 kāikěn　把荒地、未利用的土地进行耕作，使其变得肥沃，可供种植或开发使用。

例句：为了提高土地利用率，我们需要对这片荒地进行开垦，种植更多的农作物。

崛起 juéqǐ　某个地区、国家或民族在经济、文化、政治等方面迅速崛起，成为世界关注的焦点。

例句：这个城市近年来快速发展，经济实力和国际影响力都有了显著提升，可以说是一座崛起中的国际化大都市。

耕耘 gēngyún　农民在田地里进行耕作、种植等活动，以获得收成。也比喻人们通过辛勤努力和不懈奋斗，创造美好的未来。

例句：要想拥有丰收的果实，就必须付出艰辛的努力，进行辛勤的耕耘。

拓荒者 tuòhuāngzhě　在未开发或落后的地区进行开垦、建设的人，通常是指新移民或探险家等。

例句：这位企业家是一位有远见的拓荒者，他带领公司不断开拓新的市场和业务领域，成为行业的领军人物。

寥无人烟 liáowúrényān　荒凉、人迹罕至的地方，很少有人类活动的痕迹。

例句：在这片广袤的荒漠中，只有稀疏的植被和寥无人烟的景象，让人感到无比的孤独和寂静。

起伏跌宕 qǐfúdiēdàng　形容事物变化剧烈，有高有低、有起有落，给人以强烈的冲击感。

例句：这部电影情节曲折，起伏跌宕，让观众看得十分过瘾。

遮天蔽日 zhētiānbìrì　形容树木、建筑物等高大，遮蔽阳光，使周围一片昏暗。

例句：这片森林茂密繁盛，参天大树遮天蔽日，让人感到无比的凉爽和舒适。

贫瘠　pínjí　土壤肥力低，不适合农作物生长，也可以形容经济、文化等方面缺乏资源和条件。

例句：这个地区气候干燥，土地贫瘠，很难种出好的庄稼。

禁忌　jìnjì　因宗教、文化、道德等方面的原因，被认为不适宜或不可触犯的事物或行为。

例句：在某些文化中，穿着暴露的衣服被视为一种禁忌，人们需要遵守社会规范和传统习惯。

疏解　shūjiě　将人、物等从拥挤、堵塞的地方疏散开来，以便提高通行效率或减少拥堵。

例句：为了疏解交通拥堵，政府采取了一系列措施，包括建设新的公共交通系统和疏导市中心的车流。

崩溃　bēngkuì　事物因受到过度的压力、冲击或破坏而无法继续存在或运转，导致出现瓦解、失败的状态。

例句：这个国家的经济体系因为长期的政治动荡和腐败问题而陷入了崩溃的边缘，需要采取紧急措施加以挽救。

思考题

（1）哪个中国企业中标了吉赞经济城项目？在经济城项目开发之前，吉赞是一个怎样的城市？

（2）文章提到的吉赞经济城项目中，先后吸收了多少沙特大学生前来工作？

第二节　中企并购：焕发生机

一、"一带一路"与中国企业海外投资

在共建"一带一路"倡议的引领下，中国企业创新对外投资方式，促进国际产能合作，建设了面向全球的贸易、投融资、生产、服务网络。在打造企业国际竞争力的同时，它们也推动了建设成果互利共享，为中国与合作国家的高质量发展添砖加瓦。2023 年，中国对外非金融类直接投资 9 169.9 亿元，其中在"一带一路"共建国家的非金融类直接投资达 2 240.9 亿元。

二、中国企业海外投资的商务故事

导读：斯梅代雷沃钢厂是塞尔维亚百年钢厂。中国河钢集团是如何让这家百年钢厂扭亏为盈的呢？让人意外的是，恢复活力的钢厂还带动了斯梅代雷沃市整座城市的发展。

塞尔维亚百年钢厂的新生命

斯梅代雷沃市位于塞尔维亚中部，是一座有着 10 万人口的城市。虽然城市**规模**不大，这里却有着塞尔维亚最大的一家钢厂——斯梅代雷沃钢厂。现在这座钢厂已经改名为"河钢塞尔维亚公司"，来自中国的河钢集团让面临生存危机的斯梅代雷沃钢厂发生了历史性变迁。

斯梅代雷沃市历史悠久，15 世纪时，这里曾经是塞尔维亚的首都。从 1913 年开

始，这里就有着前南斯拉夫规模最大的国有钢铁厂——斯梅代雷沃钢厂。从塞尔维亚首都往东大约行驶一小时，远远就能看到数根**高耸**的烟囱，那里就是斯梅代雷沃钢厂的厂区。在当时，这是先进生产力的象征，所以塞尔维亚人就用钢铁厂来代指斯梅代雷沃市，同时还把斯梅代雷沃钢厂叫作"塞尔维亚的骄傲"。

2002 年，美国钢铁联盟从塞尔维亚政府手中**接手**了斯梅代雷沃钢厂。但由于国际市场竞争激烈以及经营管理等问题，2012 年，美国钢铁联盟退出这个钢厂，并把钢厂的所有权交还给塞尔维亚政府。为了维持钢厂的运营，塞尔维亚政府不得不每年向钢厂提供补贴，但钢厂仍然连年亏损。塞尔维亚政府一方面要拿出国家财政收入的一部分来补贴钢厂，另一方面还要应对欧盟对于塞尔维亚政府对国有企业进行"不当补贴"的指责，实在是内外交困。

不过，2016 年，斯梅代雷沃钢厂终于迎来了新的生机。2016 年 4 月，中国河钢集团以 4 600 万欧元的价格**收购**了这家"百年钢厂"。

"河钢对塞尔维亚斯梅代雷沃钢厂的并购，是企业的经济行为，更是积极响应国家'走出去'战略和'一带一路'倡议的重要举措。"近年来，河钢集团紧紧抓住国家"走出去"战略、"一带一路"建设的机遇期和国际产业资本重组的窗口期，确立"全球拥有市场、全球拥有资源、全球拥有客户"、建设"世界的河钢"的战略定位，全力推进国际产能合作和产业链全球化布局。塞尔维亚是中国"一带一路"倡议重要的沿线国家之一，也是中国企业在"一带一路"框架下"走出去"的重点方向之一，在河钢收购之前，斯梅代雷沃钢厂多年来长期处于亏损状态，而塞尔维亚政府也正在寻求战略合作伙伴、寻求顾客。可以说，收购斯梅代雷沃钢厂，实现了企业经济行为与落实国家"一带一路"倡议的高度**契合**和有机统一。

自成功收购以来，河钢向斯梅代雷沃钢厂已经派遣了 11 批、累计近 200 人的技术团队，帮助斯梅代雷沃钢厂提升技术，解决在设备、信息化、工艺等多方面存在的问题。截至 2016 年底，河钢斯梅代雷沃钢厂已经开始实现盈利，这个亏损多年的斯梅代雷沃钢厂已经成为一个正常运营的企业，而且已经开始由政府补贴变成向政府上缴税收。

2017 年，河钢斯梅代雷沃钢厂计划将产量提升到 200 万吨，预计**产值**将达 8 亿美元，创造利润 2 000 万美元。预计河钢斯梅代雷沃钢厂的产值将达到塞尔维亚全年 GDP 的 1.8% 左右。同时，河钢还将投资 1.2 亿美元，对钢厂进行结构性改造，其中还包括环境保护和节能降耗的技术提升等方面，力争把河钢斯梅代雷沃钢厂早日打造成为欧洲有极强竞争力的企业和中塞两国合作共赢的典范。

塞尔维亚当时的总理、现总统武契奇则在不同场合表示，河钢收购塞尔维亚斯梅代雷沃钢厂是中塞经济合作的成功典范。这次收购不但解决了超过 5 000 多名工人的就业问题，更重要的是让塞尔维亚的钢铁产业得以继续发展。

河钢在运营斯梅代雷沃钢厂的过程中，坚持"三个本地化"原则管理企业，即资源本地化、利益本地化、文化本地化，除了使用中国先进的技术来改造当地的生产线，为员工提供稳定的工作外，河钢还将中国企业**以人为本**的传统文化带到塞尔维亚，让斯梅代雷沃钢厂的员工感到很温暖。

宋嗣海介绍道，现在钢厂有专门的员工信箱，员工有什么不满，或者有什么建议，都可以直接与钢厂的领导层进行交流。河钢接手之后，对工厂的食堂、卫生间等设施进行了翻修，让一线员工每天要接触的场所焕然一新。钢厂还积极提高通勤班车条件，让居住在市内的工人可以更加方便地上班。

同时，钢厂的管理部门还非常关心员工的家庭，逢年过节都会到退休员工的家里去看一看，做一个"家访"。对于一些身体健康出现问题或者是由于工伤而不能工作的，钢厂也会及时进行**慰问**，对这些家庭进行帮助。

除了关心企业内部的员工，河钢斯梅代雷沃钢厂还不忘企业责任，积极为斯梅代雷沃市贡献自己的力量，取得了良好的社会效益。虽然接手只有短短一年多时间，但钢厂已经做了很多有益于地方的事情。比如，钢厂了解到斯梅代雷沃中学现代化教学设备不足，就向中学捐赠了一批电脑和投影设备等，让当地的中学生能使用数字设备来学习。钢厂还主动为工厂周边的村镇修建了人行道路，为一些还没有通上自来水的小村供水，让他们用上了自来水。钢厂还为当地的残疾儿童购买了大量的玩具，让这些孩子感受到快乐。在每年 9 月新学期开学的时候，钢厂还会给当地职工家的学童发放新书包，为他们购买文具等。

于勇说："实践证明，中国钢铁企业的综合竞争力已经达到了世界先进水平，完全具备了'走出去'参与全球竞争的成熟条件。我们需要也完全能够在世界舞台上找到属于中国制造业的席位，发出属于中国制造业的声音。"

应该说，河钢收购斯梅代雷沃钢厂的案例，是中国大型企业"走出去"的成功案例。河钢斯梅代雷沃钢厂不仅创造了经济价值，还创造了很多社会价值。现在的钢厂已经成为中塞两国间的重要纽带。习近平总书记说过，国之交在于民相亲，而河钢集团在运营斯梅代雷沃钢厂的过程中无疑很好地践行了这一理念。

正如塞尔维亚总统武契奇所说："中国和塞尔维亚之间的友谊是钢铁般的友谊。"

而河钢斯梅代雷沃钢厂则将用他们的钢铁为这友谊继续添砖加瓦。

[本文来源：《塞尔维亚百年钢厂与中国的发展之缘》（节选），《光明日报》，2017年9月30日]

关键词汇

规模　guīmó　事物的大小、程度或范围。
　　例句：这家公司的规模非常大，拥有数千名员工和多个分支机构。

高耸　gāosǒng　高大而陡峭，直插云霄。
　　例句：那座高耸入云的塔楼是这座城市的标志性建筑之一。

接手　jiēshǒu　接替别人的工作或负责某项事务。
　　例句：老板突然生病住院了，公司的日常运营暂时由我接手。

收购　shōugòu　购买或兼并他人的企业、资产等。
　　例句：这家公司计划收购同行业的竞争对手，以扩大自己的市场份额。

契合　qìhé　符合、相适应、相符。
　　例句：他们的观点非常契合，经常能够达成一致意见。

产值　chǎnzhí　企业或单位在一定时间内所创造的生产总值，通常以货币形式表现。
　　例句：由于市场需求的增加，该公司的产值不断攀升，成为同行业中的佼佼者。

以人为本　yǐrénwéiběn　把人的利益和需求放在首位，尊重人的尊严和权利，关注人的生存和发展。
　　例句：作为一家企业，我们必须坚持以人为本的理念，关注员工的身心健康和职业发展，才能实现企业的可持续发展。

慰问　wèiwèn　对遭受不幸或困难的人或团体表示关怀、同情和安慰。
　　例句：在这个寒冷的冬天，我们要给那些生活困难的家庭送去温暖和慰问。

思考题

（1）文中提到的"斯梅代雷沃钢厂终于迎来了新的生机"，"新的生机"指的是什么？

（2）怎样理解塞尔维亚总统武契奇所说的"中国和塞尔维亚之间的友谊是钢铁般的友谊"这句话？

第三节 中企投资：助推发展

一、"一带一路"与中国企业海外并购

中国企业出海已进入新阶段，以中国技术和中国品牌为代表的一大批优秀企业正在加速海外布局，探索新增长点；同时，中国企业近年来的产业转型升级成果也正在加速对接全球数字经济、绿色经济和产业链重塑等发展趋势。2023 年，中国企业在"一带一路"共建国家宣布的并购总额为 173.4 亿美元；并购数量为 185 笔，在"一带一路"共建国家并购的占比较上年同期增长 4%，达 44%。在"一带一路"共建国家，中国企业并购则主要聚焦先进制造与运输、电力与公用事业以及 TMT 行业，合计占中国企业在"一带一路"并购总额的 62%。

二、中国企业海外并购的商务故事

1. "一带一路"助推科伦坡港集装箱码头大变身

导读： 中国远洋海运集团有限公司建设斯里兰卡科伦坡港东码头项目，几年时间下来，中远海运仅在科伦坡的本地进出口重箱量就增长了 4 倍，中转箱量增长了 9 倍。2010 年，招商港口和斯里兰卡港务局联合组建 CICT 公司。

斯里兰卡集装箱码头换新装

2018 年 9 月 18 日下午，载着满满一船货物，"中远荷兰"号徐徐驶入科伦坡港，**停靠**在科伦坡国际集装箱码头（CICT）4 号泊位，这是它四年前曾经停靠过的地方。

2014 年 9 月 17 日，就在同样的地方，"中远荷兰"号曾经向当年正在 CICT 的白色办公楼考察中国对斯里兰卡投资项目——科伦坡港国际集装箱码头和科伦坡港口城——的中斯两国领导人鸣笛。适逢"中远荷兰"号作业完毕，身披满旗，正停靠在码头。当两位领导人步入码头时，"中远荷兰"号鸣笛致敬，船员在甲板上列队行注目礼。

轮机长王永高 2014 年恰好与"中远荷兰"号一同来到科伦坡港。**故地重游**，王永高一边向大家描述四年前"中远荷兰"号在这个泊位上发生的故事，一边有些惊讶地说道："四年前我们在这里的时候，那时的码头还有些**空旷**，远没有今天这般繁忙，如果不是看到那个白色的办公楼，我差点都没认出这个码头。"

2014 年"中远荷兰"号在科伦坡港停靠时，由中国港湾工程有限责任公司承建的港口城刚开始**奠基**，由中国招商局港口控股有限公司（招商港口）接手运营的 CICT 也刚刚起步。只有"中远荷兰"号当年比现在更加威风，那时"中远荷兰"号是中国投入使用的最大吨位的集装箱船。

四年之后，科伦坡港口城已经基本完成填海造地工程，根据法国航运咨询公司 Alphaliner 的最新数据，在 CICT 的带动下，科伦坡港今年一季度成为全球增速最快的港口，今年上半年吞吐量位列全球港口第 22 名。而当年那个拥有 14 000 标准箱型的国内最大块头集装箱船"中远荷兰"号的体量早已被后来的"兄弟姐妹"超过。目前，已建成交付的中国自主设计和生产的最大集装箱船是 21 000 标准箱型的"中远海运宇宙"号。

"'中远荷兰'号 14 时 40 分抵达。"科伦坡港引水站调度员弗兰克 9 月 18 日下午如是记录着。

放下悬梯，码头船舶作业指导员登船……不一会儿工夫，一切准备就绪，**矗立**在码头岸边的桥吊"隆隆"作响开始作业，把集装箱一个接一个从船上卸下来。拖车拉着集装箱有序驶向不远处的堆场。各色集装箱层层叠叠地码放在 CICT 全长 1 200 米的堆场上。从远处看去，整个堆场好似**绵延**的山丘。

据船长顾龙华介绍，"中远荷兰"号一次可装载超过 13 000 个标准集装箱，此前主要往返于远东和西北欧之间，不过此次执航的是远东至地中海航线，从青岛出发，途经中国香港、深圳和新加坡，过苏伊士运河，驶往西班牙瓦伦西亚，随后经希腊比雷埃夫斯、沙特阿拉伯吉达、斯里兰卡科伦坡驶回国内，全程近 1 万海里（约合 18 520 公里）。

在"中远荷兰"号与科伦坡港"分别"的这四年里，中国海运事业在"一带一路"建设的推动下迅速发展，顾龙华颇有感触地说："作为一线从业者，我深切感受着中国海运业的蓬勃发展。最近几年，我们去了很多之前不曾去的国家。而且不管多大的船，不管到哪里，通常都是满载而去，**满载而归**。"

中远海运集运（兰卡）有限公司董事总经理孟海礁告诉记者，中远海运总体规划路线和覆盖范围与"21 世纪海上丝绸之路"建设高度契合。近年来依托"一带一路"建设，中远海运强化主干航线竞争力的同时，着力发展和丰富东南亚、欧洲、中美洲等地区的支线服务网络，以更好地构建中国与"一带一路"沿线国家和地区，以及沿线不同国家、地区之间的路径联通，也为满足沿线国家和地区之间的多边经贸需求服务。

"中远海运同样受益于'一带一路'带动下的业务不断拓展，2014 年随着'一带一路'建设的推进，中远海运重新回归斯里兰卡市场。几年时间下来，中远海运仅在科伦坡的本地进出口重箱量就增长了 4 倍，中转箱量增长了 9 倍。"孟海礁说。

随着运力升级，中远海运投入远东至欧洲航线的主力船型已升级到装载量在两万标准集装箱的更大型船舶，重新披挂上阵后"中远荷兰"号将被调往其他航线，展开另一段全新的航程，继续驶向"一带一路"建设的美好明天。

[本文来源：《"一带一路"踏访记 | "一带一路"成助推器，科伦坡港集装箱码头四年大变身》（节选），参考消息，https://baijiahao.baidu.com/s? id = 16126526 19468727316&wfr = spider&for = pc，2018 年 9 月 26 日]

关键词汇

停靠　tíngkào　船只、车辆等在路途中停下来，不再继续前进。
　　例句：火车已经到站，旅客们可以下车了，不必再停靠了。
故地重游　gùdìchóngyóu　再次来到曾经去过的地方。
　　例句：去年我去了北京旅游，今年我决定故地重游，再次领略这座城市的美丽。

空旷 kōngkuàng 宽阔，辽阔。

例句：这片空旷的草原让人感到无限宽广和自由。

奠基 diànjī 建立，创立。

例句：这项计划的奠基工作已经完成，接下来将进入实施阶段。

矗立 chùlì 高大挺拔地直立着。

例句：那座高楼矗立在城市的中心地带，非常引人注目。

绵延 miányán 连续不断。

例句：这条小溪蜿蜒绵延，一直流向远方的大海。

满载而归 mǎnzài'érguī 收获丰富，带回许多东西。

例句：这次旅行我非常开心，不仅看到了美丽的风景，还满载而归，带回了许多纪念品。

思考题

（1）中国哪个公司承建了斯里兰卡科伦坡港东码头项目？

（2）CICT 项目的意义是什么？

2. 海外投资：海尔收获的"兹德拉斯特伟杰"

导读：2015 年，海尔集团在切尔尼市基普马斯特工业园投资 5 000 万美元建立海尔俄罗斯冰箱厂，主要从事冰箱制造及销售业务。该项目于 2015 年 5 月动工，2016 年 4 月正式投产。海尔工业园日益壮大，为当地经济社会发展注入了新的动力。

俄罗斯的"海尔小镇"

位于卡马河畔的切尔尼市，是俄罗斯联邦鞑靼斯坦共和国的一座工业城市。20 世纪 90 年代，受经济形势的影响，这里一些工厂搬走了，工业园也没了往日的热闹。

为了提振经济，完善产业体系，切尔尼市一直在努力招商引资。同时，中国海尔集团正在积极寻找合适的海外投资机会。双方的想法不谋而合，经过反复**磋商**，2015年海尔集团决定在切尔尼市基普马斯特工业园投资，建设海尔俄罗斯冰箱厂。

走进工业园的大门，就能看到一家外墙雪白、占地宽敞的现代化工厂。门前竖立的旗杆高耸在阳光下，显得格外耀眼。"真是太好了！我以为我再也见不到这一天了！"一位满脸皱纹的老人拄着拐杖，在儿子的陪伴下走进工厂，眼里闪着激动的泪光。

这位老人是康斯坦丁维克多彼得罗维奇，许多年前，他曾参与工业园的建设。他目睹了工业园拔地而起，也经历了工业园发展困难的时期。正因如此，老人才一次次地重返旧地，盼望着再次看到工业园热火朝天的场面。可是，每一次他都抱着希望而来，又不得不带着失望而去。如今，看到儿子又能在自己参与建造的工业园里，忙碌而充实地工作，老人除了感慨也倍感**欣慰**。

现在，海尔俄罗斯冰箱厂创造了800多个就业岗位，还带动了很多配套供应商进驻园区。老人知道，属于他那一代人的光辉岁月正在海尔工厂续写，新一代切尔尼人的未来将更加光明。

当然，重建或新生，从来都不会一帆风顺。冰箱厂**落户**切尔尼市，虽然得到了政府的支持，但当地企业和民众一开始却充满疑虑。"他们要将中国淘汰的落后生产线转移到这里消化。"这是当时流传甚广的一种说法，尤其是一些从未到过中国的老人对此笃信不疑。不安也同样困扰着附近的另一家冰箱公司，那是当地一家资金**雄厚**的老牌企业。那阵子，那家工厂的车间里、办公室里经常是流言四起。大家都在担心，海尔会不会跟他们抢业绩、抢市场，企业会不会裁员，员工会不会降薪。

深陷焦虑的不只是普通员工，公司总经理也对未来的强劲对手充满担忧——海尔冰箱的定位是什么？他们的生产技术到底怎么样？一想起这些就很让人头疼。百闻不如一见，要想打消人们的疑虑，最好的办法是让他们自己亲眼看看。于是，海尔决定邀请鞑靼斯坦共和国总统明尼汉诺夫亲赴中国总部考察，同时邀请当地同行到切尔尼市的海尔俄罗斯冰箱厂参观。

结果，无论是在青岛总部，还是在切尔尼市的工厂，俄罗斯的客人们都感到十分震惊。先进的生产技术，把员工和用户需求结合到一起的"人单合一"创新模式，还有将全球领先的冰箱生产线引入俄罗斯的发展规划，都深刻地印入他们的脑海。谜团解开了，所有的疑虑都烟消云散！

2016年4月，热闹非凡的开工剪彩仪式隆重举行。明尼汉诺夫总统亲自参加。高大明亮的现代化工厂里，机器"轰隆"作响，繁忙的生产线上，几乎全是俄罗斯员工在操作，切尔尼人所有的担心都放下了。就连"竞争对手"也在一夜之间变成了**互利共赢**的合作伙伴——当地同行在参观后，当下便决定与海尔开展全方位的合作，不仅共享了零部件供应商网络，还在海尔的帮助下制订了改造升级生产线的方案。

一到夏天，海尔俄罗斯冰箱厂的生产就进入了高峰。车间里除了机器声还是机器声，大家忙得连喝口水的空闲都没有。可是，财务主管伊万却没像往常一样坐在办公桌前，而是神情**忧郁**地躺在病床上。窗外的蓝天是那么明媚，但伊万却没有心情欣赏，他的眼睛直直地盯着天花板。突发脑出血的他动弹不得，也暂时开不了口，只能这样躺着。吊瓶里的药液一滴一滴地往下落，无力支付的**昂贵**治疗费一次又一次刺激着他敏感的神经。

其实，从建厂开始，伊万就在这里工作了，收入也一直不错。但突发的脑出血，打乱了他原本平静的生活。得知伊万生病后，工厂管理人员立即赶往医院。在了解到伊万的家庭困难后，当即决定组织全体员工为他捐款，并定期轮流探望。

爱是一种神奇的力量。在大家的关心和帮助下，如今的伊万已恢复健康，重返工作岗位。不同的是，他比以前更敬业了。用他的话说，他要加倍努力工作，报答工厂对自己的关怀。在冰箱厂，伊万的经历并非孤例。"在这里工作，我们都觉得很安心。虽然也有酸甜苦辣，但我们知道这里是我们温暖的**港湾**。"一位员工如是说。

不夸张地说，每一位员工都有他们和冰箱厂独特的故事。因为在这里，人的价值第一，而且这种观念已经内化到每个管理者的心中。

建厂之初，技术工人严重缺乏，工厂就不惜成本将"零基础"的工人们送往青岛总部进行专门培训；生产工作中，工厂积极奖励注重实践创新的各级员工；日常生活中，管理层更注重与员工们面对面的交流，提升员工们的**参与感**。

如今，在切尔尼市，有许多企业都在借鉴海尔的发展理念。这不仅提高了他们的生产效能和工作效率，更培养了一批业务水平一流、可以独当一面的技术骨干和管理人才。他们正是切尔尼市未来发展的希望和力量。

如果你有机会去切尔尼市，面对当地人轻松惬意地用中文向你问候"你好"，你一定不要感到奇怪。"兹德拉斯特伟杰！"如果你能这样笑着回答他，那当然更好了。因为你会收获更多的微笑和善意。如今的切尔尼市，各式小店如雨后春笋般冒了出来，重新装修过的饭店里更是人声鼎沸，街道上也出现了很多外来居民。这座小城又焕发了新的生机。

这一切，当然都与海尔有莫大关系。海尔的配套本地化极大地促进了当地产业发展。自海尔落户切尔尼市，已带动 25 家当地供应商为其配套生产，产品零部件本地化率已达 69.2%。海尔还主动对合作伙伴进行无偿培训，帮助他们增强生产能力和服务意识，让参与到供应链中的企业更快适应、共同成长。

随着海尔俄罗斯冰箱厂的发展壮大，越来越多的相关企业也追随海尔，相继在这里投资设厂，满足了切尔尼市产业多元化发展的需求。海尔的创新本地化也更好地满足了当地百姓的需求。比如，研发团队发现，俄罗斯人喜欢炖菜、煲汤，这些菜式往往需要很长的烹饪时间，一锅菜一次也吃不完，他们就喜欢连锅一起放进冰箱。为此，海尔为当地销售的冰箱设计了一档可以折叠的搁物架，折起来后可以将两格并作一格，高度足以放入锅具。困扰人们已久的问题终于迎刃而解。

2019 年 8 月，切尔尼市政府决定，工业园区附近的街道以“海尔”的名字命名。这是对海尔这些年努力付出的最好评价。

（本文来源：《俄罗斯的小城故事》，中华人民共和国商务部网站，http://www.mofcom.gov.cn/article/beltandroad/ru/chnindex.shtml，2020 年 7 月 26 日）

关键词汇

磋商 cuōshāng　通过商讨、协商等方式，就某一问题或事务进行交流和讨论，以达成共识和协议。

例句：双方代表团在经过数天的磋商后，终于达成了一项互利共赢的合作协议。

欣慰 xīnwèi　因感到高兴、满意而心情愉悦。

例句：听到孩子考试取得好成绩，父母都感到十分欣慰。

落户 luòhù　用于描述人或事物在某个地方定居或设立。

例句：他决定在这个城市落户，开始他的新生活。

雄厚 xiónghòu　经济实力等非常强大。

例句：这家公司有着雄厚的资金和技术实力，在市场竞争中处于领先地位。

焦虑 jiāolǜ　内心感到不安、紧张、烦躁，常伴随有担忧、恐惧、不安等感觉。

例句：考试前的几天，他一直处于焦虑状态，总是担心自己会考砸。

互利共赢 huìlì gòngyíng　各方在合作中都能获得利益，实现共同进步。

例句：只有通过互利共赢的合作方式，企业才能更好地发展壮大，为社会创造更多的价值。

忧郁 yōuyù　情绪低落、沮丧，常常伴随着忧虑、悲伤等负面情绪。

例句：最近他一直处于忧郁的状态，可能是因为工作压力太大或者生活上有些不顺心的事情。

昂贵 ángguì　价格高，价值大。

例句：这件衣服虽然很好看，但是价格太昂贵了，我买不起。

港湾 gǎngwān　可以停泊船只、避风等的水域或海湾。

例句：这个小渔村位于一个安静的港湾中，非常适合休闲和度假。

参与感 cānyùgǎn　参与某项活动、事情等时所产生的满足感和成就感。

例句：我非常享受参加志愿者活动的过程，因为能够为他人作出贡献，让我感受到很强的参与感。

思考题

（1）康斯坦丁维克多彼得罗维奇所说的"真是太好了！我以为我再也见不到这一天了"，这一天指的是什么？

（2）中国海尔集团在切尔尼市的商业合作和投资有哪些？

第五章

商务话语

中文 + 职业

本章分别围绕商务话语"中文＋高铁""中文＋航空""中文＋电子商务""中文＋导游"展开，集中呈现了"中文＋职业"中最基本、重要的中文术语、词汇、句型以及练习，希望能让学习者集中、快速地掌握相关话语，真正做到学以致用。

第一节　商务话语：中文 + 高铁

一、高铁场景话语

1. 买票

售票员：您好，请问您要去哪儿？

乘客：您好，我想去北京。

售票员：好的，是买今天的票吗？

乘客：对。

售票员：好的，一张今天 G87 次列车的票，请您收好您的证件和车票。谢谢！

乘客：谢谢！

2. 检票

乘客：您好，请问我在哪儿检票？

车站服务人员：您好，您的车次是 G87，检票口在二层 A3 处/您要去二层 A3 检票口检票。

3. 乘车

列车员：

（1）女士们，先生们，欢迎乘坐 G87（高 87）次列车，祝您旅途愉快！

（2）您好，欢迎乘坐本次动车组列车。

（3）欢迎乘坐（体验）京沪高铁。

列车员：您好，请您出示一下车票/护照/有效证件。

乘客：好的，这是我的车票。

列车员：谢谢，您是7车厢5号座位，这边请。这是您的座位，您请坐。

4. 运行中查票

列车员：请出示您的车票和有效证件。

乘客：好的。

列车员：请收好您的车票/证件。

5. 高铁上用餐

乘客：您好，请问餐车怎么走？

列车员：您去车厢中部，6号车厢。

乘客：谢谢！

高铁餐车上：

乘客：您好，请问这里有什么吃的？

列车员：您好，我们这里有鸡肉米饭、牛肉米饭、牛肉面条，请问您需要哪种？

乘客：请给我牛肉面条，谢谢！

列车员：一共15元，请问您怎样支付？我们支持现金和手机扫码支付。

乘客：我用微信支付。

列车员：好的，请出示付款码。您的餐已经上齐了，请慢用。

高铁座位上：

列车员推着食品餐车，从每一位乘客身边经过。

列车员：有需要用餐的旅客吗？我们准备了盒饭、点心、水果和饮料，有需要的旅客吗？

乘客：您好，是什么样的盒饭？

列车员：盒饭有两种，一种是鸡肉米饭，一种是牛肉米饭，您要哪种？

乘客：我要鸡肉米饭，多少钱？

列车员：一共 15 元，请扫码支付。

乘客：好的。

列车员：您的鸡肉米饭，请慢用。

乘客：谢谢！

6. 高铁上使用卫生间

乘客：您好，洗手间在哪里？

列车员：您好，洗手间在车厢的两端。

乘客：好的，谢谢！

7. 高铁上其他文明话语

列车员：

（1）不好意思，请您几位说话声音小一些好吗？以免影响其他旅客休息，谢谢！

（2）对不起，衣帽钩是挂衣服和帽子的，请您把提包拿下来好吗？谢谢！

（3）请您不要将手放在门框上，以免挤伤。

（4）请您到列车中部 7 号车厢列车席办理补票手续。

（5）您好，本次列车将在 18 点 30 分到达北京西站，祝您旅途愉快！

（6）各位旅客，终点站北京西站就要到了，一路上，感谢您的热情支持，使我们顺利完成了本次乘务工作。在此，我们全体乘务人员向您表示衷心的感谢。旅客们，下次旅行再见。

二、练习

1. 根据车票信息练习对话

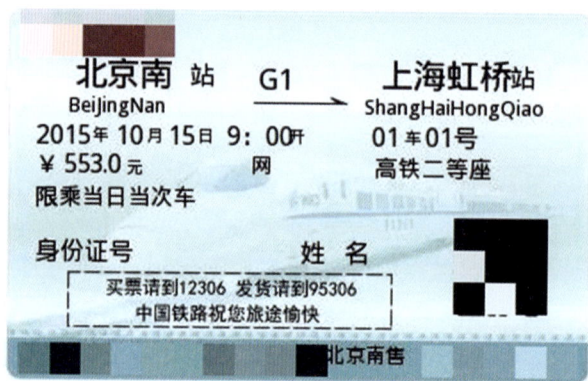

A：您好，欢迎乘坐 G1 次列车，请出示您的 （　　　　　）。

B：好的。

A：您的目的地是 （　　　　　） 吗？

B：是的。

A：您的座位在 （　　　　　），请这边走。

B：好的，谢谢！

2. 选择合适的词语完成句子

　　补票　午餐　乘坐　小心　心意　买票　帮忙　检票　帮助　乘坐
　　始发地　身份证　目的地　旅途愉快　有效证件　行李　影响

（1）欢迎 （　　　　） 京沪高铁。

（2）请收好您的 （　　　　）。

（3）打开水请 （　　　　）！

（4）请您到列车5号车厢列车席办理（　　　　）手续。

（5）请问有什么我可以（　　　　）吗？

（6）请告诉我您的（　　　　）。

（7）列车提供（　　　　），请问您需要吗？

（8）本次列车将在晚上9点到达北京西站，祝您（　　　　）！

（9）请把您的（　　　　）放在架子上。

（10）请您说话小点声，会（　　　　）其他旅客。

3. 请回答下列问题

（1）请问 D1918 次列车在哪儿检票呢？

_____

（2）请问列车上有没有热水？

_____

（3）请问几点到苏州呢？

_____

（4）请问列车上有什么吃的和喝的吗？

_____

第二节　商务话语：中文＋航空

一、航空客运服务基本话语

1. 空乘情景话语

①托运行李。

地勤人员：您的行李箱超重了。您需要办理超重以外的付费托运。
乘客：免费托运的行李是多重？
地勤人员：20 公斤。
乘客：好的，那我办理一下付费托运。
地勤人员：您可以带电脑上飞机。
乘客：好的。

②办理登机手续。

地勤人员：旅客您好，请出示您的护照。
乘客：好的，这是我的护照。
地勤人员：您好，请在这里打印登机牌。
乘客：好的。
地勤人员：请拿好您的护照和登机牌。

③登机提示语。

空乘人员：

(1) 各位旅客，由北京飞往悉尼的 HYLL5118 次航班，还有一个小时就要起飞了，请还未更换登机牌和办理行李托运的旅客抓紧时间办理手续，谢谢您的配合！

(2) 乘坐 TG35 的旅客，请您到 G7 登机口准备登机。

④登机时。

空乘人员：

(1) 您好，先生/女士，欢迎登机！
(2) 请出示您的登机牌。
(3) 请跟我来，您的座位在这儿。
(4) 请把您的箱子放在行李架上。

⑤起飞前。

空乘人员：

(1) 各位旅客朋友，飞机马上要起飞了，请将您的椅背调直，系好安全带，关闭电子设备，收起小桌板。
(2) 飞机马上要起飞了，请不要在客舱内走动。

⑥飞行中。

乘务人员：您好，您需要什么帮助？
乘客：我想看书，有点儿黑。
乘务人员：我帮您打开阅读灯。
乘客：谢谢！

乘务人员：您好，有需要什么帮助的吗？

乘客：我想去洗手间。

乘务人员：卫生间在后面，您行走时注意安全。

乘务人员：旅客您好，为确保飞行和通信系统的正常操作，请您不要使用手机等电子通信设备。

旅客：好的。

乘务人员：

（1）由于地面有雾，本次班机将延误约两小时。

（2）由于前方有大雷雨，无法穿越，飞机决定返回西安。非常抱歉给您带来不便。

2. 飞机餐饮服务

乘务人员：女生/先生，我们现在供应午餐/饮料。请您放下小桌板。

乘客：好的。

乘务人员：我们准备了牛肉饭、鸡肉饭和炸酱面，请问您要什么？

乘客：我想要一份炸酱面，谢谢！

乘务人员：好的。

乘务人员：可乐、橙汁、咖啡、苹果汁、水，您要喝什么？

乘客：我想喝雪碧，有吗？

乘务人员：不好意思，我们没有准备雪碧，您看可乐、橙汁、咖啡、苹果汁、水可以吗？

乘客：那给我一杯苹果汁吧，谢谢！

乘务人员：好的。这是您的炸酱面和苹果汁，请慢用。

3. 落地前

乘务人员：

（1）旅客朋友们，飞机马上要落地了，请调直座椅靠背，打开遮阳板，系好安全带。

（2）打扰一下，落地前请您填写这些表格，以便您办理海关、移民等手续。

（3）塔台通知我们目前没有停机位，请大家在飞机上等待。

（4）感谢您乘坐我们的班机，希望能有幸再次和您见面。

三、中国十大航空公司

（1）中国国际航空公司 Air China（CA）。

（2）中国东方航空公司 China Eastern Airlines（MU）。

（3）中国南方航空公司 China Southern Airlines（CZ）。

（4）海南航空公司 Hainan Airlines（HU）。

（5）深圳航空公司 Shenzhen Airlines（ZH）。

（6）厦门航空公司 Xiamen Airlines（MF）。

（7）上海航空公司 Shanghai Airlines（FM）。

（8）四川航空公司 Sichuan Airlines（3U）。

（9）山东航空公司 Shandong Airlines（SC）。

（10）春秋航空公司 Spring Airlines（9C）。

四、练习

1. 根据表格信息完成对话练习

出发地	目的地	起飞时间	托运行李
西安	曼谷	早上 8：00	一个 20 寸行李箱、一个 24 寸行李箱
西安	明斯克	中午 12：00	一个 20 寸行李箱、一个旅行包
西安	北京	晚上 7：00	两个背包
西安	上海	晚上 9：00	没有托运的行李

A：早上好，女士，请出示您的登机牌和护照。

B：好的。

A：您的目的地是（   ）吗？

B：是的，飞机准时吗？

A：是准时的。起飞时间是（   ）。您有需要托运的行李吗？

B：（   ）。

A：好的，让我帮您办理。

2. 选择合适的词语完成句子

        行李箱　护照　帮忙　准时　延迟　航班　登机牌　头等舱

（1）欢迎登机！请出示您的护照和（   ）。

（2）您好，您的（   ）超重了。

（3）您购买的是（   ）、商务舱还是经济舱呢？

（4）请收好您的（   ），（   ）登机。

（5）请问需要（   ）拿行李吗？

（6）请告诉我您的（   ）号码，我帮您查询一下在哪儿登机。

（7）我们的飞机因为天气原因（   ）起飞，请您谅解。

3. 根据登机牌回答问题

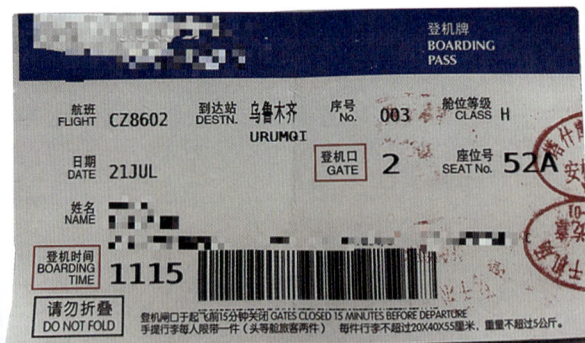

（1）请问这个登机牌的航班号是多少？

（2）请问航班什么时候起飞？

（3）请问航班的登机口是哪个？

（4）请问登机时间是什么时候？

四、出行乘车及乘机证件小知识

1．身份证

中华人民共和国居民身份证是用于证明居住在中华人民共和国境内的公民身份证明文件。从 2004 年 3 月 29 日起，中国大陆正式开始为居民换发内置非接触式 IC 卡智能芯片的第二代居民身份证，二代身份证表面采用防伪膜和印刷防伪技术，使用个人彩色照片，并可用机器读取数字芯片内的信息。

2．护照

护照是一个国家的公民出入本国国境和到国外旅行或居留时，由本国发给的一种证明该公民国籍和身份的合法证件。

中国的护照分为外交护照、公务护照、普通护照和特区护照。普通护照发给定居、探亲、访友、继承遗产、自费留学、就业、旅游和其他因私人事务出国和定居国外的中国公民。

第三节　商务话语：中文＋电子商务

一、电子商务情景话语

1. 网店介绍话语

如果有需要，请在店内搜索商品名称或联系我们。

如果您对产品不满意，请联系我们，我方将提供最好的服务，直到您满意。

如果您对我方产品满意，请给我们五星好评以示鼓励。

2. 购买商品前的沟通

顾客：您好！

客服：您好，请问有什么可以帮到您的？我们是一家面向全球市场的玩具店，您想要什么可以跟我说哦。

顾客：您好，我想买一套游戏屋积木。

客服：好的，这是店内所有积木的链接，请您查阅，如有问题，及时和我沟通。

顾客：好的，我喜欢第 12 号链接。

客服：您眼光真好，这是今年的新产品，是店内的爆款。如果您满意的话可以自助下单，我们将在 48 小时内发货。

顾客：好的，但是我不清楚怎样自助下单。

客服：好的，那您告诉我您的收货地址、姓名和电话，我给您备注。

顾客：好的，可以优惠一些吗？

客服：我送您一张 8 折优惠券。

顾客：好的，我现在下单。

客服：谢谢您的光临，我们将在 48 小时内发货，您可以在"买到的宝贝"中查看物流信息，如有问题，及时找我沟通。

顾客：好的，要是收到之后不喜欢怎么办？

客服：您好，如果没有损坏宝贝，我们承诺 7 天内无理由退换，请您放心。

顾客：好的，谢谢！

2. 售后话语

顾客：您好，我想退货。

售后客服：您好，可以说明一下原因吗？

顾客：我不太喜欢这件衣服的颜色。

售后客服：好的，您有穿过这件衣服吗？

顾客：只试穿过一次。

售后客服：好的，您有没有清洗过这件衣服。如果有清洗过，我们是无法退换的。

顾客：没有，包装袋都在，只试穿了一下。

售后客服：好的，那您在系统上申请退货即可，运费需要您承担哦。

顾客：好的。

售后客服：很抱歉没能让您买到满意的产品，给您带来了麻烦，我们深表歉意，期待下次您能再来选购。

顾客：没关系的。我的钱什么时候可以退给我？

售后客服：您好，我们收到衣服后会尽快给您退款，请您放心。

顾客：好的。

二、运输包装指示性标志图

图案	含义	图案	含义
	易碎物品		怕雨
	向上		怕晒
	温度极限		堆码层数极限
	禁止堆码		禁用手钩
	由此夹起		禁用叉车

三、练习

1. 对话练习

（1）顾客：这款沙发有蓝色的吗？

　　卖家：_____

（2）顾客：您家的手提包是100%真皮的吗？

　　卖家：_____

（3）顾客：请问这个发夹多少钱？除了黑色，还有其他颜色吗？

　　卖家：_____

2. 根据要求回答问题

假设你是一个销售帽子的网店卖家，你应该为你的潜在客户提供什么样的产品信息呢？请列一个清单。

3. 选词填空

筷子　刀　碗　盘子　杯子　定制　要求　厘米

谢谢您对我们的产品感兴趣，您选的这套餐具是我们的畅销货之一。这套餐具包括1个（　　）、1个（　　）、1个（　　）、1把（　　）和1双（　　）。礼盒尺寸为20.5（　　）×7.5（　　）×3.5（　　）。您可以告诉我们（　　）的细节，我们看看能否满足您的（　　）。如果您有任何问题，请与我们联系。

4. 使用下面表格的信息描述物品的包装方法

商品	内部包装	外包装
手表	泡沫小木箱	每箱 6 个小木箱
双肩包	塑料袋	一纸箱装 10 袋

5. 根据提问完成对话

假设你是一个跨境电商卖家，当有顾客投诉货物在海关通关时间过长时，你应该如何回复呢？

顾客：我想知道我买的东西什么时候能从海关放行？
卖家：＿＿＿＿＿＿＿＿＿＿＿＿＿＿＿＿＿＿＿＿＿＿

（参考答案：亲爱的顾客，您好，非常抱歉给您带来了麻烦，感谢您的反馈，我会尽快帮您催促订单。由于货物运输量大，海关有 1 000 多个包裹要检查，所以您的包裹才会被卡在海关。但它应该很快就会通过，给您带来了不便，再次表示歉意。祝您生活愉快！）

第四节　商务话语：中文＋导游

一、导游话语

1. 预订旅行团

旅行社工作人员：您好，女士！有什么需要帮忙的吗？

客户：您好！我想为我的公司预订一个旅行团。

旅行社工作人员：好的。可以告诉我贵公司的名称吗？

客户：×××科技有限公司。

旅行社工作人员：有多少人呢？

客户：35 人。

旅行社工作人员：你想订什么样的旅行路线？

客户：4 月 20 日到 27 日去云南玩 6 天。

旅行社工作人员：嗯，我明白了。

客户：我们怎么去呢？价格是多少？

旅行社工作人员：去云南的双飞游是 3 850 元/人。

客户：听起来不错。我们住什么样的旅馆？

旅行社工作人员：精品酒店。

客户：那我们要去哪些地方呢？

旅行社工作人员：昆明、大理、丽江和香格里拉。

客户：很好！请帮我们订这个。

2. 向游客讲解行程

导游：下午好！

旅客：下午好！我可以看一下行程安排吗？

导游：可以，这是为您准备的行程。

旅客：好的。

导游：上午我们去参观天安门广场，然后去故宫。我们还会去颐和园，我们在那里预订了午餐。

旅客：听起来很不错！

导游：上午时间有点儿紧，但是下午就比较轻松了。我们会在下午6点参观天坛，然后吃北京烤鸭，之后去看京剧。

旅客：好。我们什么时候出发？

导游：最好在早上7点左右离开酒店。别忘了带上你的相机和穿暖和的衣服。明天会很冷。

旅客：好的，谢谢！

3. 在机场接旅游团

导游：大家好，请问你们是×××科技有限公司吗？

游客：是的。

导游：欢迎来云南。我是小李，你们的导游。你们的领队是谁？

小王：我是小王，这个旅行团的领队。非常感谢你来接我们。

导游：您好，小王，你们的航班怎么样？

小王：航班很顺利。

导游：你们有35人，对吧？

小王：是啊！

导游：我们需要等您的行李吗？

小王：不，我们都带了行李。

导游：好的，我们来数一数人数。

小王：好的，人都齐了。

导游：我们的车在外面。我们现在可以走了吗？

小王：可以的。

导游：大家请跟我来。

4. 预订房间

酒店服务员：北京×××酒店订房部。请问您有什么需要？

导游：我想预订房间。

酒店服务员：您想要什么样的房间，我们有单人间、双人间、标准间、家庭房、标准套房和豪华套房。

导游：我想订16间单人房和2间双人房，从10月3日到10月6日。

酒店服务员：需要早餐吗？

导游：需要。

酒店服务员：请稍等！我来查一下那几天是否有空房。

导游：好的。

酒店服务员：对不起，让您久等了，先生。有空房的。

导游：多少钱？

酒店服务员：目前单人间每晚450元，双人间每晚850元。

导游：嗯，数量多的话有折扣吗？

酒店服务员：有的。我们对团体预订提供优惠价。您的房间是按优惠价收费的，打了四折。

导游：好的，如果有可能的话，我希望所有的房间都在同一层。

酒店服务员：好的。您怎么称呼？

导游：我姓李，木子李。

酒店服务员：好的，李先生，你们什么时候到？

导游：下午5点左右。

酒店服务员：好的。欢迎您入住！

导游：好的，谢谢！

5. 购买特产

旅客：小王，你能告诉我哪里可以买到纪念品吗？

导游：附近有一家非常有名的工艺品店，你想去看看吗？

旅客：好的，非常感谢！

导游：这是我的荣幸。

店员：下午好。你们有什么想买的？

旅客：我想买当地的一些特色工艺品。

店员：我们店里有很多工艺品。刺绣怎么样？

旅客：我想买件瓷器。

店员：这些茶壶怎么样？它们是宜兴紫砂壶。

旅客：看着很好看，它的价格是多少？

店员：500 元。

旅客：有点贵，可以打折吗？

店员：对不起，这是我们的最低价了。

旅客：好的，我买了。

店员：您还需要别的东西吗？

旅客：不需要了，可以给我一个购物袋吗？

店员：当然可以，祝您玩得开心！

二、练习

　　为期四天的山西之旅就要开始了，山西是中国北方杰出的历史文化名城之一。我们的旅游景点包括：五台山，四大名山之一；云冈石窟，中国三大石窟之一；平遥古城，中国北方建筑史上的巅峰。在这次旅行中，您将欣赏到山西美丽的风景。在云冈石窟，您将了解一些关于佛教及其文化的知识。您还将欣赏到经典的民间建筑，并且领略到山西的商人文化。敬请期待四天的山西之旅。

问题：

（1）这段文字主要介绍了什么？

（2）请列出这篇文章中提到的旅游景点。

女士们，先生们，欢迎来到中国。我叫李小白，是中国青年旅行社的导游。这是王先生，我们的司机。他在我们旅行社工作已经超过 15 年了。请允许我代表旅行社和我的同事们对各位的到来表示热烈的欢迎。如果你们有任何需求，请告诉我。我的手机号码是 156××××5678。我将保持 24 小时开机。真诚希望大家在这里玩得愉快。现在我们正在去酒店的路上。这是一家位于市中心地区的五星级酒店。

问题：

（1）这段文字主要介绍了什么？

（2）导游为什么要把司机介绍给客人？

酒店的装饰、服务、设施和环境的排名都用星级来表示，从 1 星到 5 星。一星级酒店一般为小型酒店，布局合理，房间干净，有基本的家具，包括床、桌子、椅子和床头柜。二星级酒店相比一星级来说，房间设施会更完善，会有电话、电视。三星级酒店服务质量较高，房间宽敞，有空调、私人淋浴。四星级酒店拥有一流的住宿设施，强调豪华、热情、优质的客户服务和完善的设施。五星级酒店是世界级别，提供最高标准及方便周到的个人服务。

问题：

（1）这段文字主要讲的是什么？

（2）当你在酒店订房间时，你会考虑哪些方面？

浙江省省会杭州坐落在钱塘江的下游，被认为是中国的古都之一（其他五个是北京、西安、南京、洛阳和开封）。有句话可以说明杭州的魅力："上有天堂，下有苏杭。"迷人的风景和丰富的文化遗产使杭州成为一座风景秀丽的历史文化名城。杭州是全国重点旅游城市，一年四季风景如画。西湖是中国最美丽的景点之一，坐落在城市的中心。

除了西湖，浙江还有其他许多自然美景，其中包括普陀山，普陀山作为"南海佛国"，拥有中国佛教圣地——兰亭，还有亚洲最古老的书法图书馆——天一阁。中国古代最伟大的水利工程——京杭大运河和三座古老的水塔——西塘、南浔和乌镇也在浙江，这些都是浙江迷人的名片。

问题：

（1）杭州位于哪里？

（2）哪句老话足以说明杭州的魅力？

（3）为什么普陀山被认为是必看的自然美景？

（4）中国古代最伟大的水利工程是什么？

参考文献

［1］《参考消息》官方网站，http：//www. cankaoxiaoxi. com。

［2］成都市新闻门户网站，https：//www. chengdu. cn。

［3］电商报，https：//www. dsb. cn。

［4］光明网，https：//www. gmw. cn。

［5］国际在线，https：//www. cri. cn。

［6］环球网，https：//www. huanqiu. com。

［7］环球人物网，https：//www. globalpeople. com. cn。

［8］解放网，https：//www. shobserver. com/staticsg/home。

［9］商务部研究院编：《共同梦想》，北京：中国商务出版社、人民出版社，2019 年。

［10］深圳新闻网，http：//www. sznews. com。

［11］网易，https：//ent. 163. com。

［12］新华网，http：//xinhuanet. com。

［13］央视网，https：//www. cctv. com。

［14］中国国家铁路集团有限公司，http：//www. china－railway. com. cn。

［15］中国新闻网，https：//www. chinanews. com。

［16］中国"一带一路"网，https：//www. yidaiyilu. gov. cn。

［17］中华人民共和国国务院新闻办公室，http：//www. scio. gov. cn/index. htm。